悦界

第一辑

经济日报出版社

图书在版编目（C I P）数据

悦界 / 羽悦本草健康科技股份有限公司编. -- 北京: 经济日报出版社, 2018.5
ISBN 978-7-5196-0340-3

Ⅰ. ①悦… Ⅱ. ①羽… Ⅲ. ①保健—产品—企业管理—经验—中国 Ⅳ. ①F279.23

中国版本图书馆CIP数据核字(2018)第070956号

悦　界

作　者	羽悦本草健康科技股份有限公司
出版发行	经济日报出版社
地　址	北京市西城区白纸坊东街2号（邮政编码：100054）
电　话	010-63584556（编辑部）63588446（发行部）
网　址	www.edpbook.com.cn
E - mail	edpbook@126.com
经　销	全国新华书店
印　刷	中国电影出版社印刷厂
开　本	2970mm × 2100mm 1/16
印　张	4.375
字　数	155千字
版　次	2018年5月第一版
印　次	2018年5月第一次印刷
书　号	ISBN 978-7-5196-0340-3
定　价	20.00元

一份初心

『健康、快乐、分享』送给热爱生活的你！

筑梦几载，羽悦本草在短时间内经历了互联网时代的风雨历练，也如每个人的成长，持续发挥出无止境的青春活力。忙碌，是羽悦本草工作的常态；奋斗与努力，让羽悦本草逐渐站到了行业的前沿。

大浪淘沙，始见真金。两年中，有人开拓新征程，有人沉淀为团队的中坚力量。新人的不断加入，年轻力量的奋进，让羽悦本草稳健迈出下一步。梦想不是好高骛远的蓝图，而是脚踏实地的奋斗。知道自己为何出发，才能去到自己想去的地方。羽悦本草呼唤迷失在庸常中的你，重拾最初的动力。同一个梦想，同一个目标，羽悦家人携着激情不断前行，始终以“健康快乐”为生命的圆心。

一份坚持

缔造健康 享受生活

聚天下英才共事，集众人智慧而行——董事长陈国良先生携手羽悦精英缔造了一次又一次的辉煌。走进一扇门，打下名列前茅的根基，就必须要经历从0到1的艰苦修行。羽悦本草在艰苦的修行中，实现了自我价值，并创造了小家的幸福与大家的和谐。人生的意义无非是用心、吃苦、成就。这是生活的真谛，也是羽悦本草对幸福未来的期许与担当。

从山水之城台州的声名鹊起，到如今创客之城深圳的扎根入驻，羽悦本草在光荣与梦想的征程中越走越远，越走越精彩，每一个步伐伴随着的是对细节更为严谨的推敲。质量与创新是品牌坚固的基石，羽悦本草以此为起点，坚持缔造真正令消费者健康快乐的产品，尽享生活。

一份情怀

我能为你做什么？

身轻如羽，心怡神悦。

享受健康的生活，是一种信仰。

一热一敷，关乎人生的幸福点滴。

羽悦本草以精诚造就了靓丽的风景，用行动达成了多人的梦想。

我能为你做什么？

共有，共享，共赢。
羽悦本草初心不变，愿所有人都能抒怀达志。

一次展望

深耕本土 创造未来

抓住市场变革带来的机遇，追求能够创造未来的事业。依托现有的产业机制，背靠国家政策支持，羽悦本草将立足本土，放眼世界，继续践行“我能为你做什么”的服务宗旨，以消费者的诉求为奋斗目标，为更广阔的人群建立起健康屏障与新生活的美好图景。

羽悦本草健康科技股份有限公司是良兄国际集团的全资子公司，成立于2017年1月16日。公司一直保持良好的发展趋势，克服重重困难，最终在市场中牢牢站稳脚跟。如今，羽悦本草已拥有深圳、台州两地运营中心，台州、深圳、广州三家生产基地以及浙江羽悦软件公司等多个部门，它们共同推动着企业发展。

深圳运营中心

深圳运营中心成立于2017年8月9日。深圳运营总部立足于深圳经济大环境，能快速接受行业前沿信息、深化企业管理，为羽悦本草开拓一条新的发展道路。

台州运营中心

台州是羽悦本草的发展源头，也是羽悦本草创新前行的基础。因此，作为羽悦本草的立足点，也将进一步完善工作环境，建立更加强大的队伍，为更加广阔的市场服务。

新台州运营中心的建立，将给予家人们最完美的工作环境。想必，在如此舒适的环境下，羽悦本草的精英们工作状态也将更加饱满，发展势如破竹。

广州广颜堂

广州广颜堂是羽悦本草的产品生产中心，我们双方共同以精益求精、铸造品质典范的心态来发展健康养生产业，努力钻研传统中医文化，传递绿色、健康的生活理念！

良兄（深圳）电子科技中心

良兄电子科技中心掌握羽悦本草最核心的科技。在这里，我们严格按照工作流程进行操作，只为形成最前端的产品，为所有的用户提供安全、便捷的使用体验。

台州包缝中心

台州是羽悦本草的大基地，羽悦本草在这里组建包缝中心，其中包含缝纫区、裁剪区、平车接线区等一套结构完善的流水线。各个车间的负责人不时地在车间督查，力求生产出标准更加严格、品质更加完美的产品。

PREFACE

卷首语

十几年前，我是一名普通的奋斗者。十几年后，我已奔赴在创业的路上，并成功地打拼出自己的一份事业。这是梦想在前方指引，也是追求在背后推动。每一个现实、每一刻想法、每一次决心、每一场决定共同勾勒出企业发展战略的轨迹。

时代的变革、经济的发展、社会的需求共同造就健康养生产业的大发展。如今，健康品牌林立，而我们将在发展中寻求突破，在突破中寻求更多的际遇。改变市场乱象，为各位伙伴提供更大、更安全便捷的舞台是羽悦本草的不懈追求。

一步步走出精彩的人生，一步步规划发展出强大的企业。羽悦本草发展到如今的每一步，都凝聚着智慧和汗水。虽身已动，但心更远。我们针对如今的发展方向，必定会做出更多的努力与改变！未来，我们将继续立足传承、变革创新，为更广阔的世界而奋斗！

CONTENTS

目录

视野．资讯　01-12

02/羽悦本草环球之旅第四站—— 马尔代夫

04/绿色阳光，爱生活与健康——“羽悦本草杯”高尔夫邀请赛完美落幕！

06/羽你我同行，悦千山万水—— 羽悦本草员工出行千岛湖！

07/美丽健康梦，激情马拉松，羽悦本草全国马拉松助跑即将启动！

08/公益—— 值得一辈子去做的事情！

11/地铁，一个人的路，无数人的家—— 记羽悦本草亮相杭州地铁一号线

运营风采．平凡工作演绎不平凡精彩　13-17

羽悦．成长　18-42

19/凝聚焦点，进击主持—— 赵婷

23/打破命运的安排，才是人生的开始！—— 李海英

26/最是坚守动人心—— 王海燕

29/团队剪影——2016环球之旅

31/团队剪影—— 奢华迪拜游

35/难以忘怀——316大型年会

36/新的地标—— 深圳运营总部开业

38/伙伴天地—— 精彩荟萃

40/伙伴天地—— 一切都是最好的模样,遇见羽悦本草

42/营销课堂

知行．互动　43-63

44/让我走近你—— 文/蒙春江

45/演绎指尖的舞蹈，感受画面与意境的美——《我心羽悦》

48/世界并不复杂：感性做人，理性做事—— 文/王凯蒂

50/品赞生活—— 探索“羽悦本草”在“功夫茶”氛围中的成长历程—— 文/王伦让

53/做好羽悦本草，传递人间大爱，敷羽悦本草产品有感—— 文/王秀云

56/“微”时代，大理想—— 文/王海燕

57/给平淡的日子加点糖，我和羽悦本草的故事！—— 文/周正英

59/这一场盛大相遇—— 文/何英

61/营销课堂之销售技巧

62/辉煌发展

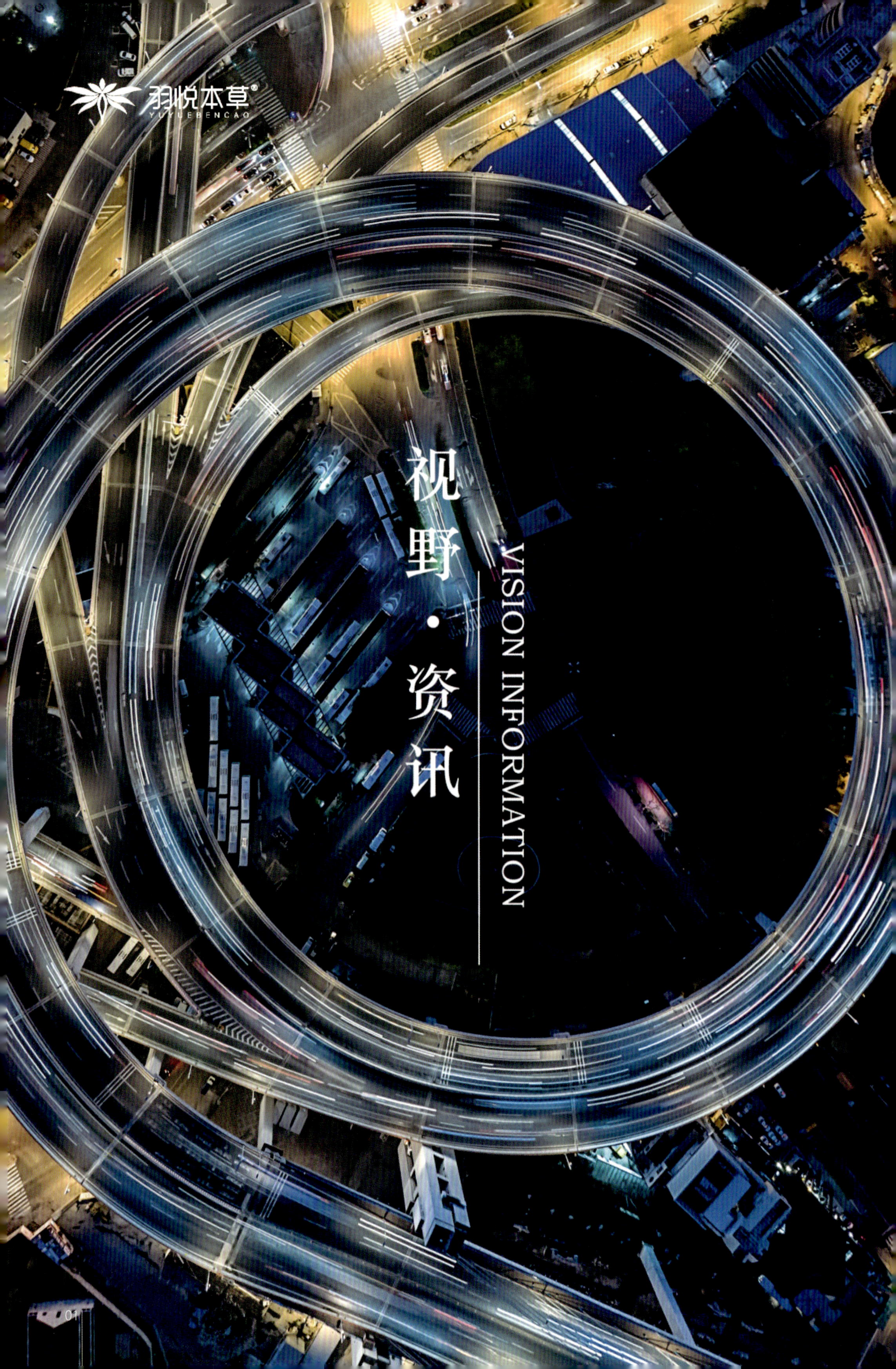

视野·资讯

VISION INFORMATION

羽悦本草环球之旅第四站 —— 马尔代夫

THE FORTH LEG OF THE YUYUEBENCAO GLOBAL TOUR - MALDIVES

一场秋雨一场寒。2017年10月，落雨纷纷给仍旧暑气弥漫的初秋降温了些许，而羽悦本草已开始新一轮的持续发力。羽悦本草环球之旅第四站——马尔代夫豪华之旅火热开启。

10月5日，第一批出行人员乘坐专机，飞往马尔代夫。此次出行，我们将登上罗马庄园（Loama Resort Maldives at Maamigili），尽情地享受这无限风光。

“环球之旅”是羽悦本草为各位总代理提供的一项福利，旨在促进双方共同推进羽悦本草发展，在实现筑梦共赢、成就你我美好愿景的同时，能够在这个躬耕不停的道路上，靠一靠岸、歇一歇脚，然后再以更大的动力去完成我们共同的梦想。

尽管我们的环球之旅已经进行到第四站，然而每一次的旅行都会带来新的不一样的惊喜。九寨沟的山水如画，三亚的人间仙境，棕榈岛的梦幻奇迹，这些美景早已提升了我们的审美观。可只有到了马尔代夫，你才会发现，人间天堂也不过如此。碧海蓝天，清风细沙，无拘无束，闲话艰辛……

沙滩上，恍若新娘的白沙细腻柔和。轻轻地一躺，便似在温暖的怀抱中，不由地慢慢睡去。羽悦家人们在沙滩上悠闲恣意，那一朵盛开的花朵，不正是家人们的美好祝愿么！

选择奇特的沙屋和水屋，让我们有了更为微妙的风景体验。或是纵情欣赏这椰林树影，又或是全景感受清澈见底的海水，有种君临天下的感觉。而当我们悠悠潜入海中，神秘的面纱也在水幕中缓缓离去，那是海水赋予的另一个灵性世界。

马尔代夫之旅，已经惊艳开启。我们在陆续踏上环球之旅的同时，不仅仅是留下足迹，更为重要的是，我们可以在这旅行之中放松自我、思考自我，寻找并发展团队中的闪光点，打开更为广阔的局面！

2017年10月羽悦本草总代理在马尔代夫剪影合集

2017年10月羽悦本草总代理在马尔代夫剪影合集

绿色阳光，爱生活与健康
“羽悦本草杯”高尔夫邀请赛完美落幕！

THE GRASS AND THE SUNSHINE ,LOVE LIFE AND HEALTH-THE GOLF INVITATIONAL TOURNAMENT CALLDE “THE CUP OF YUYUEBENCAO” HAS BEEN ENDED PERFECTLY

高尔夫，一种健康的生活方式。

羽悦本草，一种健康的生活品质。

“羽悦本草杯”高尔夫邀请赛，于2017年年9月21日在湖北武汉完美举行。作为行业领导者的羽悦本草，一直以绿色健康的企业理念引领发展，并为之奋斗。

此次恰逢良机，羽悦本草携手天外天高尔夫俱乐部，共同为高尔夫爱好者提供了一个展示的平台。羽悦本草董事长陈国良先生、天外天高尔夫球俱乐部代表人、羽悦本草金牌主持人赵婷等知名人士亮相此次盛会。球赛还邀请了武汉东湖高尔夫球队、武汉椰岛高尔夫俱乐部、武汉约球联盟球队、武汉华中科技大学4支球队精英参加比赛。这场赛事也成为武汉历来高尔夫赛事中，最成功的一次企业赞助球赛。

羽悦本草董事长陈国良慷慨激昂的赛前讲话，表演者极具活力的开场表演，预示着高尔夫球赛的圆满成功,更是预示着羽悦本草发展的一个美好开端。

羽悦本草此举，不仅仅是为同行者们提供一个开放性的舞台，更是带去了真诚的合作意愿和服务态度。我们希望这绿茵茵的草地能和羽悦本草共同打造出一个绿色的生活态度，一个优越的生活品质。羽悦本草董事长与天外天共同签署赛事战略合作协议，为同一个目标前进。

“羽悦本草杯”高尔夫球赛晚宴现场

羽悦本草正式成为“华商杯”2017第二届全国楚商高尔夫联赛指定健康产品。

羽你我同行，悦千山万水
羽悦本草员工出行千岛湖!

HAVE A TRIP WITH US AND ENJOY THE SCENE OF MOUNTAINS AND RIVERS ALL OVER THE COUNTRY. EMPLOYEE OF YU YUE BEN CAO TAKE A TRIP TO THE QIANDAO LAKE

2017年是公司进入高速发展的第二年。短短的时间，能在不同的城市扎稳脚跟，除了我们亲爱的代理商，还有一群默默奉献的员工团队。公司的辉煌，离不开每一位员工的辛勤付出和努力。为振奋士气，公司策划并举办了本次“羽你我同行，悦千山万水”的千岛湖出游活动。我们的大家长陈国良董事长与公司三十多位员工欢聚一堂，共同度过快乐的三天。

9月17日一大早，公司门口就已经停着巴士迎接每位家人的到来。前往千岛湖的漫漫长路，也在各位的欢声笑语中很快到达。陌生的城市，我们在熟悉的陪伴中找到些许归属感。

第一站，我们来到了漂流点。导游夸张又略带神秘的讲解让人心生恐惧，蜿蜒曲折的上山之路却又让大家心生期待。我们哆哆嗦嗦地上了皮艇，死死地抓住，生怕一不留神“失手”在十几米的落差之处。漫长的时光隧道里，水枪、头盔、脸盆各出奇招，泼得人满身是水。那一刻，真是恨不得手中有把“长枪”，和大家尽情比拼一把！夜晚的千岛湖开始热闹起来，湖景餐厅的乐手奏起了生日快乐歌。这正是羽悦本草9月份员工集体生日会。各位寿星们在祝福声中许愿，在烛光中留下一张张美丽的笑脸。

第二日的游船之旅，我们在天下第一秀水的千岛湖景区游览了渔乐岛、梅峰岛、龙山岛等等，尽情享受一次千岛湖的山山水水。

此次千岛湖之行，让人印象最深的也许还是环岛骑行。没有明确的目的地，不知离最后成功的道路有多远，我们能做的就是一路向前冲。不管是单人的独自拼搏，还是多人的合作共赢，我们都只有一个目标，那就是向前、向前、向前。也许攀爬高坡会很辛苦，也许沉重的双脚已经再踏不动踏板，但我们总能够找到出路。或是放慢速度缓缓骑行，又或是下车远眺山水、逐步往前，最终，所有人都到达了成功点。我想，那一刻，激动呐喊成为我们最想做的事！

羽悦本草员工于千岛湖合影

2017年9月集体生日会现场

千岛湖环岛骑行

美丽健康梦，激情马拉松
羽悦本草全国马拉松助跑即将启动！

THE DREAM OF BEAUTY AND HEALTH ,PASSIONATE MARATHON
THE SUPPORT FOR THE NATIONWIDE MARATHON OF YUYUEBENCAO IS ABOUT TO START.

尽管羽悦本草的各项活动已经开展得如火如荼，然而每一次的新活动都意味着羽悦本草的一次新开拓。

马拉松，一项国际流行的长跑项目。在现在的全民健身时代，越来越多的人爱上跑马拉松。它的魅力不仅仅是在挑战自我，也是在发泄自我情绪，通过长久的运动来改善自己的健康状态。同时，每一次的马拉松都能够结交到不同的跑友，在不同的城市不同的路面，用自己的速度去感受城市的魅力。

马拉松是一场需要充沛的精力和体力的赛事。出现在马拉松赛场，本身已成为一件需要莫大勇气的事。即便如此，在近几年的赛事中，我们能频频看到老人、年轻人、孩童等各种群体的身影。他们的参与，不仅是对自己的挑战，更是对生命的礼赞。本次，羽悦本草推出全国马拉松助跑活动，希望每一位羽悦本草的家人，都能够去挑战自我，去尝试在自己的人生中完成一场真正的赛跑。

【注意】马拉松全国助跑活动可咨询片区经理。当然，为了您的安全着想，请保持健康的体魄。因为，我们是为健康、为生命而助跑！

公益——值得一辈子去做的事情！

PUBLIC WELFARE - SOMETHING WORTH LIFETIME TO DO!

公益，源于真善美

美，具有引人向善的作用和力量，至善至美。美，除了外表，灵魂和思想都可以是美丽的。对于企业而言，公益事业正是美的一种最佳体现。

至善至美

公益，是一个企业反哺社会的真实写照，也是一个企业发展的完美呈现。羽悦本草在发展壮大的过程中，始终坚持企业回源于社会和回报社会的理念，把孝心、良心等感恩文化融入到企业中，铭记社会责任，积极参加公益事业，弘扬尊老敬老、乐善好义、关爱社会的良好道德风尚！遵循着“为人们带去健康与美丽”的产业理念，羽悦本草不断创新发展，这也让羽悦本草品牌不断做实做强。在企业取得不断进步的同时，羽悦本草也不忘初心，将继续践行为社会服务的理念，为公益事业尽一些力量。

寒冬送温暖，真情暖人心

2017年12月，大雪节气过后，天气日渐寒冷，而此时位于路桥区的富强村（浙江台州）却被羽悦本草的一股暖流温暖着。13日早上，太阳还躲在被窝里似出未出，羽悦本草的家人们，早已将满满一卡车爱心物资运到了路桥区富强村村支部门口，为富强村的孤寡老人送去冬日温暖。

2017送温暖活动合影

2017送温暖活动物资分发现场

寒冬送温暖，真情暖人心。此次，羽悦本草为富强村的孤寡老人们送来了约4万元爱心物资，主要为大米、食用油、水果等粮油副食品。当羽悦家人们将物资一箱一箱地搬进富强村村支部，并亲手递给老人们时，看到老人脸上露出真挚的笑容，我们才感到由衷地高兴。寒风呼啸着打在脸上，虽寒，但心却暖和着。

赠人玫瑰，手留余香。能够真正帮助到村里的每一位老人，让他们的生活得到便利，为他们的脸上增添笑容，即使是冒着寒冬，也是值得的。本次羽悦本草组织关爱老人活动，不仅是在为老人送去一份关心和温暖，也是在履行关爱老人的社会责任和义务，更是对“关爱老人”这一传统美德的传承和弘扬。

每位老人都曾年轻过，每位年轻人也都会变老，老人一辈子在为社会奉献、为家庭奉献，所以每位老人都应该被善待。关爱老人既是中华民族的传统美德，也是人类进步科学发展的前提，只有人类的思想纯正了，社会才能健康地发展。同时，关爱老人需要一个社会、一个国家共同努力，而羽悦本草正在努力着，前进着！

公益，是一份事业

公益，是羽悦本草一项长久的事业而非一份一次性的作业。作为在移动社交电商领域从事大健康产业的领军企业，羽悦本草从创业之初，就已经开始了这份事业，并一直力行公益，以此来感恩社会、回馈社会，并呼吁社会更多的人参与其中。

近年来，羽悦本草相继组织了希望小学爱心助学、贫困山区扶贫、为关爱老人送温暖、夏日为环卫工人送清凉、寒冬为老人送温暖等公益活动，在这些活动中，羽悦本草不仅捐赠财物，还提供各类实用物资如大米、粮油、水果等副食品，这些都使老人、孩子们真切地体会到来自羽悦本草的关怀、爱与责任。

公益，是一种行动

公益事业，只有去做了有所成果了，才能称之为事业。如果只言于表，而止于行，那就是纸上谈兵。所以说，公益，是一种行动，而羽悦本草一直在行动中！

夏日送清凉，献给城市“美容师”与“守护者”

从朝霞微泛的黎明到夕阳尽染的傍晚，从细雨绵绵的春天到雪花飘舞的隆冬，走在大街上，我们总能看到很多身影十年如一日地默默奉献在同一个岗位上，或挥舞着五尺扫把涤荡着城市的垃圾污秽，或英勇及时地为小区扫除安全隐患，还人们一座安全、干净、美丽的城市，他们就是环卫工人，以及城市的“守护者”——消防员。

怀着一颗敬畏和感恩的心，2017年7月29日，羽悦本草家人们将满满一车的消暑物资载到洪家街道办事处，为环卫所的248名工人和16名队员消防队员送上羽悦本草的关心。此次我们的物资主要是夏日饮料、毛巾、水杯、防暑药品等防暑物品。物资虽少，但却是羽悦本草的心意，我们始终认为：只有能够真正帮助到别人，让别人感觉到快乐，那我们做的事情才有意义。

正所谓天上星多黑夜明，地上树多成森林，城市的文明建设，单靠环卫工人、消防队员，单靠羽悦本草家人，是远远不够的，它需要每个人来共同遵守和维护，此次羽悦本草的目的只有一个：通过我们的行动，来建设、影响并呼吁每一个人来共同尊重城市劳动者们的劳动成果，并自觉维护和建设城市文明！

送清凉活动物资分发现场

走进校园 伴你成长

孩子，是祖国未来的希望，关爱孩子是每个社会人义不容辞的责任。2016年六一儿童节，羽悦本草家人们带着精心准备的礼物携手“春天里”公益助学团，走进仙居田市镇五星小学，陪伴孩子们一起过儿童节。

在校园里，羽悦本草家人、春天里公益助学团，和孩子们一起玩各种游戏，麻袋接力跳、嘴手脚屁股、合力玩气球等等，孩子们的欢声笑语串成了初夏最美的音符。游戏过后，重头戏来了——包饺子比赛，对于孩子们来说，这当然是百利无一害的活动，既可以玩还可以吃，简直美极了。孩子永远是最单纯的，在各种活动中，孩子们天真烂漫的笑容令人动容。

初夏的阳光微醺，清风和煦地吹着，五星小学的孩子们，在羽悦本草家人们和助学团的陪伴下，度过了一个愉快又难以忘记的儿童节。此外，公司还为16位贫困学生分发了新书包、新文具等。孩子，永远都是需要呵护的花朵，羽悦本草希望每个孩子都能开心、快乐、无所忧虑的长大成人。

爱心助学活动现场

爱心助学组图

公益事业，永不止步

公益事业是中国优良传统的延续，是构建社会主义和谐家园的内在要求。羽悦本草每一次开展公益活动，体现的都是助人为乐的高贵品质和关心公益事业、勇于承担社会责任、为社会无私奉献的精神风貌。也许，我们的公益事业只是我们爱心的一小部分，但对于真正需要帮助的人来说，可能是他们生命的一大部分，因此我们一直坚持着。

公司董事长陈国良先生曾表示："作为一家在当地发展大健康产业的新型移动社交电商企业，公司有责任为当地民众多做一点贡献。今后，公司将会把爱心继续传递下去，全心全意去做力所能及的事情，为推动当地乃至社会的和谐发展多做实事，去关爱社区民众，让更多人感受到社会的进步与企业的关怀！"

公益事业是企业义不容辞的社会责任，羽悦本草将公益当作一项事业，而且永不止步，一方面是在履行企业的职责，用真实的行动来回馈、感恩社会曾经给予的馈赠；另一方面，如果将社会公益理念融入到企业文化，让企业人的志愿服务走近基层和民众，使企业文化在公益活动中得到升华，既是社会公益事业达到的最高境界，也是丰富企业文化内涵的最佳路径，而羽悦本草正在以实际行动践行了这样的公益理念。

公益也是真善美的具体体现，我们希望通过羽悦本草的真实行动号召更多的人参与到"公益事业"的队伍中来，将我们传统的"真善美"这一美德传递下去。让社会多一点温情少一点冷漠，或许，这不仅是羽悦本草的期许，更是整个社会的愿望！

公益是值得一辈子去做的事情。

羽悦本草的公益事业将会一直面向老人、孩子乃至全社会展开着……

地铁，一个人的路，无数人的家
记羽悦本草亮相杭州地铁一号线

THE SUBWAY，THE ROAD OF ONE PERSON，THE HOME OF COUNTLESS PEOPLE
YUYUEBENCAO APPEARED ON LINE1 OF THE HANGZHOU METRO

地铁，是城市进化的高级形态标配，也是评价城市的一个重要标准。地铁，这个城市交通的领跑者，让我们的出行变得更加便捷。在黑暗空洞的地下空间里，它引领着这座城市的生活高速运转。它时常拥挤，好像整个城市被揉进了狭窄的车厢。它又常常显得空旷而冰冷，好像整个城市只剩下地铁穿梭的声音。地铁从远郊开往城市中心又回到原点，其中有人中途上车又半途下车，有人从起点一直坐到了终点。人潮涌动的车站就这样静静的度过春夏与秋冬的更替，一次次的听着花开与花落，仿佛总是如此寂寞。但这杭城地铁的寂寞却在2017年的12月被打破。

羽悦本草车厢

杭州作为中国重要的电子商务中心，拥有四通八达的地铁线路。作为杭州城市轨道交通的重要组成部分，杭州地铁1号线无缝连接5大交通枢纽，完整覆盖7大商圈，全程贯穿杭城四大区域，可谓是杭州人民出行的首选。2017年的12月，羽悦本草惊艳亮相杭州地铁一号线。这次羽悦本草的出现，不仅仅装饰了城市，也是羽悦本草在健康行业发展过程中的再度创新。我们参与了城市的发展进程，让企业文化与城市文化融合，既在杭城留下浓墨重彩的一笔，也延伸了地铁的风景线。羽悦本草穿梭于市民们生活的每个角落，期待有更多的人士为自己的健康生活而奋斗。

当企业文化与地铁接轨，我们共图生活久远。在“我能为你做什么”的理念下，羽悦本草秉承为社会服务的精神使命，以“文化”为纽带与杭城结下不小的缘分。羽悦本草亮相地铁的过程有些坎坷，但在杭州这座包容的城市最终发出更加美丽的光芒。在地铁上或匆忙或悠闲的时间里，羽悦本草给来往的人士提供了轻松休闲的一刻。生活中的各种姿态，统统出现在车厢的各个地点。那文字描述的仿佛就是自己。羽悦本草的特色文化也深深融入在文字之中，它在引导人们关注健康的同时，也成就了羽悦本草山魂水魄的企业品格。

羽悦本草车厢细节

冰冷的地铁，有着别样的温暖。小小的车厢，容纳着世间百态。坐在隔壁的人生，看似相同，却又有各自的心酸。羽悦本草站在人们生活的细枝末节里，等待着各位从杭州地铁1号线这趟日夜穿行的列车中发现生活的智慧。

“我想在人来人往的地铁上写诗，写关于人群和拥挤的句子。所有的灵感都来自于一个美丽的女子，她安静地在地铁里读诗。”

—《在拥挤的地铁上》

不知那位诗人是否写下地铁的诗歌，但我们却在这杭城的地铁上涌起阵阵诗意，想把这橙色列车点缀上无数“花瓣”，让所有坐上这列地铁的“客人们”尽情享受羽悦本草带来的种种喜悦。橙色地铁，让这个冬天不太冷。羽悦本草，让你走进新时代的新空间。它没有阳光与蓝天，也没有多少的浪漫。但相互拥挤的温暖即使受到蜂拥人流的“刁难”也难以熄灭，夜晚踽踽前行的地铁又是一处供人遮风挡雨的“家”。我们想让这趟地铁成为羽悦家人的停靠点，让这个寒冷的季节有更多暖意。

城市在寒风凛冽的季节招摇着自己的浓妆，闪耀的霓虹灯也以迷人的风姿迷惑着城市的人们。当华灯初上，许多人还在伏案工作，有时也会望着远处的万家灯火而内心迷茫。夜寂无人时，有人也会匆匆收拾好包裹奔赴在如墨的黑夜里，和影子一起走在回家的地铁上。或许生活在杭城的你可以走进这趟橙色列车，我们想让它在深夜给予你一抹亮色，为你沉默的时间增添一份耀眼的记忆。

有人说他曾经走过无数熙熙攘攘的街道，遇见过成千上万的人们，也曾数次走过风风雨雨的季节，却最终错过最美的开始与结束。这一次，在车厢中与羽悦本草相遇，就会是新的开始。带着羽悦本草，未来路途不孤单。

有人说他害怕在城市的心脏中穿梭，害怕那浅浅的思念和回家的步伐。当体验到羽悦本草的温暖，那么不管多远的距离都会是一段温馨的旅程。那份心意也将穿越千山万水达到你想去的地方。

其实不管你的生活是何种面貌，你都可以拥有羽悦本草最贴心的服务。

所以当你为了追上城市的速度而气喘吁吁时，我们将给予你足够的动力，助你走的更高更远。

所以当你在孤独的城市中寻找失落的青春与心灵，我们将给予你最温馨的问候，愿你的生活更加和美。

所以当你在打拼事业的路途中难以坚持时，我们支持你爬向更荣耀的顶端。

所以当你走进这节车厢，想要走向远方流浪时，我们会一直陪着你……

还有无数的你，无数的生活。但生活就是艺术，羽悦本草也是生活创造的艺术。我们在它的保护圈内，被精心呵护。羽悦本草可以让你的脚步在这座钢筋堡垒的城市歇一歇脚，让你诚挚的关怀飞越千山落在最真心的怀抱，让你的时光定格在最美的模样，不被无奈遗忘。羽悦本草，让笑靥常开。

还有多少的你在寻寻觅觅，在苦恼着，寂寞着，不如来羽悦本草找找你的方向。也许你只是有着蓝色的忧郁，但却有着可以征服星辰大海的奇迹。

运营风采 · 平凡工作演绎不平凡精彩

THE STYLE OF THE OPERATIONS CENTER, ORDINARY WORK DEDUCES THE EXTRAORDINARY BRILLIANCE

屠格涅夫曾说等待的方法有两种，一种是什么事也不做空等，一种是一边等一边把事业向前推动。如果你是前者，再好的平台和机遇都不会给有准备的人。如果你是后者，抓住羽悦本草，就是你的机遇，让你更快人一步。现在，在羽悦本草的深圳中心，就有一群心怀梦想的年轻人，他们敢想敢拼敢闯，敢于把梦想化为现实。他们在羽悦本草驰骋理想、展现自我，也在共筑企业未来的路上越走越远！

深圳运营中心落户于京基100大厦，工作内容以沟通服务各位总代理商为主，包含资讯通知、问题的收集与处理等等。深圳运营总部为各位总代理商增添了一个解决问题的高效渠道，督促各位成为更为专业的销售者与服务者。同时，通过“互联网+”的形式，帮助代理商实现自我，打响市场终端之战。

公司快速发展的2017年，公司的销售管理又迎来了一次历史性的飞跃。这其中8月上线的深圳运营中心的贡献不可或缺。短短几月，公司建立起新运营体系，深圳总负责人Lambert（董敏）与运营总监Jacky（王臻）着手构建了新运营中心的培训基础，执行系统落地，做好产品基础训练，建设健全各岗位明细，并建立起一套行之有效的晋升体系！同时，深圳运营中心打造了一支精干勇猛，积极进取的团队。“我能为你做什么”的文化渗透进管控运营的每个环节，也成为服务代理商的深厚理念支撑。

新团队，新匠心

王臻

深圳运营中心核心人物
羽悦本草运营总监

王臻本身拥有丰富的运营管理经验，现已带领深圳运营团队取得辉煌战绩。

风采人物王臻，一个事业处处开花的达人。很多人在见到平和宽厚的他时，并不会想到在这荣耀风光的面目背后，充斥着创业以来的硝烟与孤独。风云变幻的舞台，王臻全身心的投入到“演出”之中，并屡屡创下自己的奇迹。

成为雷克萨斯汽车销售总监，是王臻融入社会后事业上的小成就。把智慧运用在成交，争取一切可以抓到手的机会，也成为他晋升高管、开拓发展管理思维的重要背景。而在超越思想的障碍与束缚之后，王臻以各种方式与形形色色的人相遇，沟通，思考，并最终发现创意文化才是他的追求。他说，一切皆有可能。因此，他推翻了曾经打拼下的成绩，义无反顾地投入到文化创业的旅途中去。寰亚未来文化创意合伙人、至上臻品文化传播创始人，千寻互动合伙人，各项在行业中大名鼎鼎的称号精准落户。

如今，经验丰富的王臻加入到羽悦本草的精英运营管理层，带领这个初出茅庐的团队共同推动羽悦本草更精、更快、更好发展！

深圳运营中心精英团队——匠心精彩演绎

认真工作

大多数人想要改造这个世界，但却罕有人想改造自己。赚钱之道很多，但是找不到赚钱的种子，便成不了事业和家。当你感到悲哀痛苦时，最好是去学些什么东西。学习会使你永远立于不败之地。

- 深圳运营中心·Jack

成功没有巧合，没有偶然。在魅力光环的背后是汗水、坚持！在所有代理商面前，我们同样需要付出汗水去学习，然后站在巨人的肩膀上"指点江山"！我们知道，我们和代理商同为羽悦本草的一员，都需要尽自己最大的潜能，为企业的发展而奋斗！我们同样知道，作为一家极速发展公司的从业人员，我们被十几万的人群注目着、观察着。工作犹如"逆水行舟，不进则退"，在新的业务、新的知识、新的技巧的加速发展之下，想要在激烈的竞争中脱颖而出，只能通过不断地学习和自我增值。

在忙碌中，我们坚持学习各种制度文件，搜集各种案例；常常就碰到的各种问题与同事们探讨思路方法；积极参与各项活动的策划、执行，为各位代理商起到良好的带头作用。在深圳运营中心上线几个月后，各位总代理商的执行效率也有了明显的提高。潜心策划并执行新规章、新活动，孜孜研读改进操作规程，并仔细推敲每个环节、每个步骤，这样的形式将会成为我们的工作常态。不久的将来，深圳运营中心将会深入各位总代理商的工作环境，开展更多的活动，直接提高服务体验。在我们的努力下，羽悦本草会以更进取的精神走在行业发展的前列！

愉快生活

人生至善，就是对生活乐观，对工作尽职，对事业兴奋。

- 深圳运营中心·Abby

柏拉图说，人生短短几十年，不要给自己留下什么遗憾，想笑就笑，该哭就哭；当努力时则拼尽全力，当享受时则身心放松……所以，我们选择羽悦本草，在生活中享受工作，在工作中享受生活。

在深圳运营中心，我们和千千万万的普通员工一样，日日重复着工作。但又是不平凡的，在运营线上辛勤耕耘，用饱蘸青春的汗水，书写了"爱岗敬业"的美丽篇章。在我们看来，只要用心，即便再琐碎枯燥的工作也会有不同的意义。因为，工作的本质上没有大事小事，只有你重不重视。

羽悦本草，本草精粹，享受生活的理念深深融入到每一位代理商的思想中。每一天，我们都能看到代理商们收获的惊喜，每一天我们也能看到在自己手中缔造的荣誉。即使我们解除工作模式，因成功带来的满足感也让日常生活变得更为快乐。

如果说羽悦本草是一座大厦，那我们就是一颗颗螺丝钉，平凡但尖锐有力，把“我能为你做什么”深深嵌入羽悦本草，用创意与汗水为我们的大厦添砖加瓦，为提升代理素质，提高服务业绩不懈追求。我想，我们的行动将会完美诠释深圳运营中心的风采。

奋进向前

没有一种不通过蔑视、忍受和奋斗就可以征服的命运。

- 深圳运营总部·Joyce

智者一切求自己，愚者一切求他人。就人生的财富而言，我们更乐于创造，挥洒智慧与干劲。而命运，就是要在不断争取中创造和实现的。我们在羽悦本草实现价值、争取命运的过程中，也许会遇到并非本意的蔑视，继而忍受和奋斗。遇到的苦难永远不是最重要的，行动并解决它才是我们应当立即去做的。犹豫拖延将不断滋养恐惧，行动是治愈恐惧的良药，没有恐惧才会解决苦难，才有幸福生活。

梦想一路随行，岁月在脚下流淌，我们的羽悦本草发展之旅依然前进！我们怀着感恩之心，依旧童心未泯；我们拥有惊涛拍岸的豪气，也有承担责任的勇气；我们乐观，我们豁达，我们有责任感，我们互敬互重，我们相亲相爱，我们共同携手创造人生价值……在这里，羽悦本草因你而更美！

深圳运营中心·Wain

工作不仅是为了拿份薪水，还为了成长和快乐。

深圳运营中心·Jessica

天道酬勤厚德载物，有多大的胸怀，就有多大的事业。

深圳运营中心·Eric

千万不要在工作中抱怨，沟通才是解决问题的唯一途径。

深圳运营中心·Jeff

在工作中，千万不要喋喋不休，也不要没完没了地抱怨，这些都是把事做糟，或者失败的先兆。

深圳运营中心·Joyce

没有一种不通过蔑视、忍受和奋斗就可以征服的命运。

深圳运营中心·Charlie

只有提升自己的执行力，才能更有效工作。

深圳运营中心·Calvin

工作的本质上没有大事小事，只有你重不重视。

深圳运营中心·Cici

工作中，只要每个人把握好自己的位置，拥有一个良好的心态是很重要的。拥有一个良好的心态，拥有一个美好的心情，这样工作起来不仅能给你带来快乐，也会给你一种成就感。

深圳运营中心·Jack

大多数人想要改造这个世界，但却罕有人想改造自己。赚钱之道很多，但是找不到赚钱的种子，便成不了事业和家。当你感到悲哀痛苦时，最好是去学些什么东西。学习会使你永远立于不败之地。

深圳运营中心·Abby

人生至善，就是对生活乐观，对工作尽职，对事业兴奋。

羽悦·成长

YU YUE GROWING UP

凝聚焦点，进击主持

CONDENSING THE FOCUS,FOCUS ON THE HOST

赵婷

来自湖北武汉，著名央企主持人

现羽悦本草的风云人物，金牌主持人

平凡的人生，平淡的生活，平常的事情，许多人就这样寡淡地活着。所以人们更会去看一只萤火虫的瞬间亮丽，会去听一只秋蝉的短暂哀鸣，却没有人会去留意他们的经历。但其实在我们生活的这个世界里，每一个人，不论光鲜与否都有着自己拼搏成长的故事。

赵婷，来自湖北武汉，大家常称呼她为婷婷。她毕业于上海音乐学院音乐剧系。毕业后考入国内一线部队文艺团体工作，现就职于央企剧院担任主持人。同时也是羽悦本草的风云人物——羽悦本草金牌主持人。

乖乖女 想要一个单纯稳定的生活

“您曾经的发展计划是什么样的呢？”

“在没有接触羽悦本草之前，我是一个专业的歌手，也是主持人，一切的工作都是和我的专业挂钩。我一直朝着艺术方向发展。现在我也会出差，接手一些商业演出。”

婷婷是一个他人眼中的乖乖女。从小，听着爸妈的话长大，顺风顺水毫无波澜。毕业后，也顺利进入部队文工团，成为瞩目的独唱演员。在她的印象中，似乎从来都没有什么叛逆的事儿，也从来都不需要去做一些需要“抗争”的事儿，只需要按部就班地做一个艺术工作者。

也许，我们原本会见证一位艺术家的诞生，但命运却给了婷婷打开了另一扇窗。

主持人 发展自我的契机

“其实我是误打误撞进入到主持人行业的。当时在部队文工团中需要一专多能，全方位型的人才。我的形象、整体气质都比较契合主持人身份，所以慢慢的兼着做起来。但在主持行业中工作时，挖掘出来的潜质让我发现我的天分会在主持上更高。”主持人这个身份素来要求综合素质高、知识范围广。顶着巨大压力的情况下，任何需要的潜能都被激发出来，而主持也就越来越得心应手了。

曾经，专业以外毫无心动。

“有没有想过去尝试别的职业？”

“从来没想过，虽然我没有期待过自己去做一个央视主播或者全国当红主持人，但我一直想做一个专业、专职的人。踏踏实实做自己专业的事，会做的事。”

主持人是一个和各行业打交道的工作。婷婷在参加各种活动时，也经常能碰到一些厂商、企业，其中不乏一些鼎鼎大名的公司比如茅台、汉酱等。这些企业都曾经和婷婷接触过，希望能嫁接一些社会资源，或是利用手中的人脉成为区域代理商。可向来专注自我事业的婷婷，从未应允。对这些企业都毫无兴趣的婷婷，也更是从未想过自己会和移动社交电商联系到一起。这似乎是一个不可能的画面。但，一切的转折都发生在2016年6月13日。

羽悦本草舞台 闪亮登场

“我相信每一位代理商加入羽悦本草都有着自己的契机。那婷婷你是怎么会和羽悦本草产生联系？尤其是你之前拒绝过那么多的厂商、企业。”

“我是源于自己的需求，后来是认为品牌值得我去为它做一些事。我还记得刚加入的那一天是2016年6月13日，也是羽悦本草开招商会的前几日。”

2016年的6月，武汉已经带着丝丝闷热的气息。身高172cm的婷婷却为自己难以保持身材而苦恼。主持人在舞台上一向是光鲜亮丽的，对身材的要求也颇为严格。那一年的夏天，因无法保持最完美的身材,把瘦身寄希望于运动的婷婷接连遭受失败。无论如何运动，如何打球，那让人憎恶的数字一直无法消减。直至回想起多年的老友曾经在朋友圈发的产品。

不久之后，婷婷来到了朋友的店里，顺势问起产品。其实那位朋友也才刚刚接触公司没多久。但念及是十多年的老友，又是一位在常人眼里不愁衣食、富裕悠哉生活的太太，婷婷选择了相信她。每个人每一次的选择都源于信任。而最后的结果，正是为了证明是否值得信任。最终，皆大欢喜。

从这次起，婷婷已经成为了用户。但从用户到主持，仍是发生了一次微妙的事件。那一次拿到产品时，朋友提了一个要求“如果对你有效果的话，我有一个小小的请求。我们6月18日有一场招商会，这是品牌的第一次招商。如果你觉得产品使用后有效果，我希望可以邀请你来主持。”招商会婷婷已经主持过很多场，但一个当时默默无闻的厂商来请，相信不管多少演出费最后得到的就是两个字：拒绝。仿佛是宿命般的缘分，使用产品后的效果，让婷婷决定主持招商会，也正是这一次接触到羽悦本草的核心成员，正式开启了羽悦本草的舞台。

刻板印象，极度反转

“当时是出于什么心态来主持招商会呢？”

“我主持这场活动的时候，我的确觉得自己瘦了。但对这个产品并没有多少认知。我相信自己不会像传统的品牌一样，去帮助他们宣传。这是我工作的一个态度，不为一个不了解的产品去过多宣传。”

即使是因为产品效果最终出演第一场招商会的婷婷，对公司创始人的印象也是传统的，固化的。许多人提到健康产业、养生产业、或是有关养生保健的，只要与此有关，脑海中浮现的全部是白发苍苍的老者，威严又慈祥。

“我印象中，做养身保健的一定是一个白发苍苍的老者。这才符合一般人对这种品牌的认知。因此，当介绍到公司创始人时，我满场找白发苍苍的老爷子。但最后结果很意外，良兄是那么年轻低调”。

质疑声中 留下信任

每个刚开始发展的品牌都会被质疑。招商会期间，不止婷婷还有其他的嘉宾，都提出了自己的疑问。可在与良兄的一问一答之间，逐渐了解产品的细节，即便是尖锐的问题，依旧是实在的回应。婷婷还深刻的记得自己出口的那一句：“你的产品是代加工的么？”而得到的是“在初期到时候，特别是我们才刚刚成立三个月的时间，我们的产品的确有一部分是代加工的。但是随着生产线的逐步完善，市场占有率逐步提高，我们必定是自己种植草本植物、自行生产、自行销售，形成一条完整的产业”。不骄不躁，诚恳的回应最终打动了婷婷，她愿意留下信任，和羽悦本草产生更多的联系。

新事业起步 结伴而行

羽悦本草已经融入了婷婷到的生活和血液。做移动社交电商，从没有阻拦也无顾虑。也许有一部分人觉得这个行业无保障，也有一部分人觉得这是一个可以持续开发的事业。羽悦本草给婷婷带来的不仅仅是金钱，还有他人的信任所产生的满足感和兴奋感。

从第一条有关产品的朋友圈发出去时心怀忐忑，到现在发朋友圈时泰然自若，这其中巨大的改变，都源于这段时间以来，那些他人给予的信任。面对一个陌生的行业，去宣传一个产品是一个门槛。许多人就停在这个门槛前，难以再次前进。而婷婷，在第一次就自信的跨越过去。这不仅仅是因为主持人身份带来的自信感，也源于对品牌的了解认知。对所有犹豫的人来说，尝试跨越才能告诉你结果是成功还是失败。跨过门槛，你收获的不仅仅是金钱，还有更多的伙伴，大家共同发展，互助共赢。这也正是羽悦本草能迅速发展起来的原因，因为我们不止一个人。

路途 充满惊艳

从加入公司以后，每一次的活动都会少不了婷婷的身影。团队内训、招商会、年会等等，每一次的活动都给了婷婷感动和震撼。一个像羽悦本草这样年轻的企业，不仅仅是充满朝气和活力，也充满着对目标的执着追求。

2016年11月18日，三亚年会由婷婷来主持。然而已经连续工作了60小时的身体已经疲惫不堪，但幸运避过航班停飞的婷婷又投入到三亚大型年会的主持中去。大型阵容、惊艳的节目，给予了太多的震撼，也给了许多人对公司未来的向往。这一次，婷婷深深感受到移动社交电商品牌的力量，更让她下定决心，要把工作重心倾斜到羽悦本草中去。

事业 成功拓展

“筑梦共赢、成就你我”是羽悦本草的合作理念。它也深深的融入到婷婷的思想之中。平日本就爱好高尔夫的婷婷，在更加深入了解羽悦本草后，将这个拥有巨大潜力的品牌在高尔夫人群中不遗余力的推广。2017年9月21日，“羽悦本草杯”高尔夫邀请赛完美开始，比赛邀请了知名的武汉东湖高尔夫球队、武汉椰岛高尔夫俱乐部、武汉约球联盟球队、武汉华中科技大学4支球队精英参加比赛。而当晚的颁奖晚宴阵容也颇为豪华。最终，这次赛事成为武汉历来高尔夫赛事中，最成功的一次企业赞助球赛。

在邀请赛的良好口碑之下，羽悦本草作为“华商杯”2017全国楚商高尔夫联赛指定保健品赞助商。在联赛3天中，100多位来自全国各地的湖北籍球友免费产品体验，并一致好评，甚至不少人士当场购买。在颁奖晚宴的现场，我们也通过抽奖形式把幸运和健康送给球友。能在高尔夫群体中打开如此的局面，婷婷功不可没。

而在2017年10月，金牌主持人婷婷受邀全程主持武汉光谷商会高尔夫联赛，羽悦本草作为指定健康保健品赞助商再次惊艳亮相。高尔夫联赛上，羽悦本草在全国的高球圈会红火腾腾起，知名度更上一层楼。

理解 展望未来

从懵懂的登上舞台到现在能得心应手的面对各种意外已经十年了，婷婷也慢慢地学会转变心态，去适应更未知的生活。站在台上是孤军奋战，而婷婷更期待家人朋友共同为事业而奋斗。未来，羽悦本草或许成为她的主事业。

题外话：“你觉得羽悦本草是一家什么样的企业？”

“实实在在秉承着‘我能为你做什么’的理念和所有的家人们互助共赢。即使这个企业还年轻，但依然有着远大的未来。一个企业，在成长的过程中必将遭遇不断的考验。在我们携手度过这段困难时期时，我也希望所有人能不传谣、不信谣，给予公司最大的支持和信赖。这就是我的态度”。

打破命运的安排，才是人生的开始！

IT'S THE BEGINNING OF THE LIFE THAT BREAK THE FATE

李海英

羽悦本草西北市场第一人

现在的辉煌都是由曾经的苦难浇筑的。遇见羽悦本草，是人生最明朗的一次开始。

前半生：每一步都是在艰难中挣扎前行

在遇到羽悦本草的前半生，李海英的生活似乎一直在艰难中挣扎。尤其是我们最为回味的童年，在她的回忆里充满着疲惫与辛酸。“我自小没有文化，一直为生活劳碌奔波。”这一句话，是她生活最真实的写照。

那一年，她9岁。这本是一个孩子在父母面前撒娇，过着公主般的生活的年龄。但这样的场景却没有出现在海英的生活里，取而代之的是开始干农活，分担家庭生活的担子。

那一年，她15岁。60元在那个年代，那个年纪是一笔巨款，更何况它还承担了一个学子的求学梦想。但因为生活，海英不得不放弃求学，并以这60元学费作为路费，从河南商丘千里迢迢来到宁夏银川投奔舅舅。

那一年，为了生活受尽白眼。那时，一切能够养家糊口的工作，海英都愿意去做。卖鱼、海鲜、水果、蔬菜，只要是可以做的，什么苦都能咽下。可微薄的收入却只能勉强维持生活，甚至天天被城管追着导致身体也亮起健康红灯。这样的辛苦却并没有打垮海英。因为，家人是海英坚持的唯一动力。

“虽然我因为没文化，受尽了嘲笑和白眼。但一家人都指望我，还没成年的我不得不扛起家庭重担，我不能放弃，那时候唯一的信念就是我不能倒下，我的家里人需要我。”15岁到24岁，这九年的美好青春就在周而复始的早出晚归中度过。其他人的孩子在过着快乐的童年，而海英从没有休息，不停歇地为生活打拼。她不能停，因为她一停下一家人都没有饭吃。

中途：艰难维稳生活

那一年，她24岁。海英的生活终于有了一丝曙光。那年的她有幸经人介绍遇到了现任老公，生活终于安定下来。婚后做起了服装批发，虽然海英很努力，但是没能激起一点水花。干了一年后，又转行干起了头饰批发，但天不遂人愿，总是有很多压货。于是又转行做起了丝巾批发，所幸最终能有些许稳定收入，而这一干就是18年！海英每天省吃俭用，日积月累，终于有了自己的店面、房产和积蓄。可偏偏在2016年，国家经济转型，实体店经济下滑。相对实体经济的日渐艰难，移动社交电商的高收入让它逐渐进入海英的眼帘，但身边朋友们的收入时高时低，让她有些不安。加之没有文化的自卑，只能暗自兴叹，不敢也不会从事移动社交电商行业。

现在：改变从此发生

遇见羽悦本草，也许会成为海英人生中最明朗的一次开始。它让海英逐渐摆脱前半生的“阴影”，顺利的开始更幸福安稳的生活。

2016年3月的某一天，海英前往义乌进货丝巾，遇到了羽悦本草。单纯因自身需要才使用的海英，没想到产品效果如此好，一星期就迎来了大变化。周围的朋友听闻这件事都纷至沓来，甚至有朋友还误会得了一场大病。周围人的火爆咨询让海英产生了做代理的想法。

4月，海英成为了代理商，成为羽悦本草西北市场的第一人。然而吃螃蟹的人是要有勇气的，除此之外还要有顺手的工具。只身开拓市场的海英，遇到了前所未有的难题。家人朋友的怀疑，零星的资源，都让本来只想改变自己的海英，产生了巨大的压力，甚至开始怀疑自己。过去，实体经济虽然艰难，但日日勤俭持家也积累了一定的财富。艰难的岁月总归给了一点回馈，在海英人生的后半途能有体面的生活。但即便如此，初心仍在。遇上羽悦本草，加入羽悦本草的初心不是为了有多少的钱财，而是去帮助他人。在帮助的过程中，陌生人带来的尊敬和仰慕让人难以自拔。

在曾经漫长的四十多年光阴里，海英的人生不免有高潮也有低谷，却从未像现在一样觉得世界都开阔了。微信，曾在海英眼里是儿子那辈年轻人玩的东西。移动社交电商，却是心里蠢蠢欲动的行业。实体店丝巾的利润一年不如一年，寻找突破是最为重要的事。羽悦本草此时顺势进入视线，它成为海英打破自己命运的钥匙，不再规守着销量日益下滑的实体产业，也不再固执着中老年人该安安稳稳的过自己的日子的想法。海英学会了“年轻人”的消遣，也让自己更青春活力。因为羽悦本草，她的人生将再一次点燃起激情。

用了，受益了，同时发现健生市场是巨大的宝藏，这是羽悦本草所有代理商都有的经历，海英也是如此。在羽悦本草收获财富只是其一，也许这个年纪本该安逸过好自己的日子，但海英希望折腾出个名堂来，也想踩上时代的节拍搞点大事情！就这样开始了一个人的奋斗，慢慢有信赖的人加入，有朋友，有亲人，有陌生人，从一个人，到现在团队裂变八千多人，这是开设实体想都想不到的。

未来：征途更加辉煌

得益于公司福利，今年海英已经免费旅游过传奇的迪拜、穿梭在最浪漫的国度马尔代夫。而且海英不仅仅是一个人去的，她带着的是一群和她一样被梦想选中的人。团队的家人实现了国外高端豪华免费游的梦想，包岛，包机，包酒店超越人生以往任何体验，这是一个曾经连国内的景点都舍不得花钱去的海英，又一件连做梦都不敢梦到过的事情！玩着，花着，赚着，财富与自由在羽悦本草两者皆得。

海英的市场在全国各地遍地开花。虽然只是互联网的生意，但是移动社交电商并不是卖卖货那么简单。庞大的团队，经过一年才完善的培训体系，都是从事移动社交电商行业的有力后盾。海英在自己成功后，也开始游走四方帮助代理激活市场，把经验一对一传授给大家。在她不遗余力的帮助下，更多人实现自己的重大突破。

海英说：
是羽悦本草让我实现人生梦想；
是万人迷让我美丽出众迷万人；
感恩羽悦本草的董事长良兄
搭建如此伟大的平台；
感恩我的贵人燕仙老大和创造万人迷的花老大；
感恩所有的家人们，我将继续带着大家
踏遍世界的每一处角落，
让你们个个比我更美！

题外话：

“您现在的生活有什么具体目标吗？”

“回想从事羽悦本草一年多，我的生活改变太大。每一天的生活，都是充满热情，充满感恩。如何能让周围更多的人成为‘我’，是目前思考的最重要的事情。我要带领我团队的家人们将羽悦本草这份终身事业推向新的高度，让更多的人体会传统文化传承发展衍生出来的大健康事业。让更多的人获得健康与自由，让更多的人过上幸福美满的生活。”

“也许有人觉得目标不切实际，夸夸其谈，但这确实是我基于这一年多的改变所确定下来的。”

现在，海英有了自己的第一个十年计划：打造西北羽悦本草奔驰车队、打造西北羽悦本草别墅群。

或许，你觉得这个计划太过困难，不可思议。但是，羽悦本草的家人们向来都是奋勇向前。苦难，一向是我们登高的踏脚石。不尝试、不拼搏又怎会知道是否能笑到最后？我相信，世上从来都没有所谓的命运安排，除非自己低头，否则所有的放弃都是借口，因为，命运一直都掌握在我们手中。

最是坚守动人心

THE PERSEVERANCE TOUCHED THE HEART MOSTLY

王海燕

出生于浙江台州，现生活在湖北武汉

羽悦本草瘦遍神州团队创始人

曾从事医务工作，现十几家珠宝行店的老板娘

开始：顶着压力前行

王海燕，出生在羽悦本草的发源地—山海水城台州。初中那年，海燕考了全年第一名。那时候全校开表彰大会颁发奖学金，校长、班主任和其他老师的鼓励、笑容成为海燕对童年最深刻的记忆。那一句“海燕同学怎么这么优秀”的夸奖，给予海燕的不仅是快乐，还有对未来人生的严格要求。因为从那一刻起，海燕就严格要求自我，做最好的自己。

在这样理念的引导下，海燕在短短的时间内打拼下十几间珠宝店，成为名副其实的老板娘。在这样的年纪拥有如此的事业，已是毫无疑问的人生赢家。然而，人生三大需求是生存、享受、发展。当我们已拥有较为满足的生活时，自然而然的产生更高一层的需求。事业、家庭双丰收的海燕，在享受着美满生活时，也对自己的健康有了更多的追求。

2015年，也许是缘分使然，海燕遇见了草本植物外敷养生产品。一盒产品，不仅仅让她改善了身材，甚至伴随多年的“老伙伴”痛经也完完全全的消失。月经的悄然而至，给了她十足的惊喜。虽然无比尴尬，但内心却十分愉悦与震撼。“这样的天然草本植物产品，用在身上竟真有如此的效果”，当海燕四处查证产品的配方、原理和功效，都没有发现任何问题后，她自然就成为了产品的传播者。

2016年，拥有丰富从业经验的海燕，在董事长良兄的号召下，有缘成为了羽悦本草的合伙人。但，所有的事物并非都是完美的，顺利的。海燕与所有从事移动社交电商行业的人员一样，刚开始不能得到家人朋友的认同。一个常人眼里拥有美好前途的珠宝店老板娘怎么会去做移动社交电商，难不成是遇上了传销？那时，在思想保守的新疆阿克苏，这种营销模式被等同于传销。虽然失望，可海燕依然前行。当产品解决了许多人的健康问题时，海燕更坚信这是一条充满着福报的事业。何况，这条路也能弥补心中的一些遗憾。当年海燕毕业从事医务工作，后虽毅然决然的辞职从商却仍在心中留下未能坚持从医的遗憾。如今，羽悦本草圆了她一个“救死扶伤”的梦。

“那现在听到别人提到移动社交电商，您会想到什么呢？”

“我的第一个反应的话是我就是移动社交电商！”即使在没接触该行业之前，海燕的内心也不排斥。因为，对她来说，移动社交电商很简单，就是标记好朋友圈，开放自己，用自己去影响别人。

追随：深化认同 坚定追随

吸引客户的是产品，留住客户的是企业。公司创始人的格局、大爱与发展让人愿意跟随；产品的技术研发、生产、销售等流程实实在在，让你充满信心。而“我能为你做什么”的服务理念更是让海燕积极追随着公司发展的脚步，一直乐此不疲的服务于客户和合作伙伴。即使，在追随的过程中，受到许多诱惑。

创业没有一帆风顺，在极速成长的过程中，有来自自我的烦恼，也会遇到一些外界的干扰和挑战，海燕也不例外。曾经在品牌刚起步，在生产还没能完善时，海燕带领着自己的团队几乎在卖“空气”。在那样的境地中海燕能坚持，皆源于对公司的信任，对良兄的信任。2017年羽悦本草的发展是大跨步前进。在6月份和9月份，短短的时间里团队有一群人陆续离开。对于海燕自己来说，坚守是她内心的一种执着，是坚持自我，对自我美丽的精彩演绎。面对这样的困难境地，海燕没有选择抱怨或者颓废，因为她一直坚信志同才能道合，志不同道不合不相为谋。面对琳琅满目的同类产品品牌恶性竞争的诱惑，不是人人都能做到不忘初心。君子爱财取之有道，海燕只想本着自己的良心赚钱，用自己的魅

王海燕参加羽悦本草活动剪影

力收获成果。他们的离开，也只会是羽悦本草发展道路上的石头。跨过去，海阔天空。

选择：没有对与错，只有坚持与否

“对现在的形势，您有什么想要说的呢？”

“人生就是在不断地选择，选择没有对与错，只有坚持与否。我感恩遇见羽悦本草，能够传承和发展老祖宗的东西，发展健康产业。我很荣幸自己是羽悦人，环球之旅马尔代夫游，大咖们从曾经的平凡普通逆袭女神男神，他们的励志故事再一次震撼到了我，在羽悦本草可以让你梦想起航，可以让你美梦成真。”

生命中有太多的坚守，坚守人格、坚守尊严、坚守良知、坚守原则……愿每一人都能坚守真实的自己，用个性与真诚创造出属于自己的精彩。在羽悦本草，海燕坚守自我，也创造了更美的她。

海燕想告诉所有人：你买的不仅仅是几盒产品，而是整个人生的改变，我们出售的也不是简单的几盒产品，而是用生命最好的精华和爱心，去实现一个人的蜕变.

展望：未来，值得拼搏

没有随随便便的成功，付出和努力一定成正比！在目前的形势下，海燕最想做的，是增加团队凝聚力！10月28日，武汉工作室剪彩开张。它同温岭、新疆阿克苏三地一起为羽悦本草的伙伴提供一个有爱的家。而在羽悦本草更加规范管理，以法律保护合法权益之后，代理商们的明天会更加灿烂！

群雄逐鹿、百家争鸣，移动社交电商从小规模发展到各领风骚，也即将迎来更多的投资与发展。也许在未来的某一天，当人们到看海燕会想起她帮助数万人获得健康的经历，想起她的正能量！

题外话：坚守，是走向成功的基石。那些成功人士也许只是努力地坚持了所坚持的事业，也许只是在关键的时候，他们只是比常人多坚持了那么一点点。如果还能坚持，那么就别轻言放弃。

王海燕团队内训营学员合影

团队剪影 ——2016环球之旅

TEAM COCOLORIS — AROUND-THE-WORLD TRIP IN 2016

环球之旅是羽悦本草为广大总代理商们提供的一项服务。在这些环球之旅中，我们不仅仅是在世界各地留下我们的足迹。更重要的是在旅行的途中去放松、思考自我，增强团队的凝聚力。

环球之旅第一站 巴厘岛

巴厘岛是印尼13600多个岛屿中最耀眼的一个岛，它万种风情，景物甚为绮丽，因此拥有“神明之岛”“恶魔之岛”“魔幻之岛”等多种称号。沙努尔、努沙杜尔和库达等处的海滩沙细滩阔、海水湛蓝清澈，是岛上景色最美的海滨浴场。热带阳光照射下的田园农舍、森林草原、急流深谷等风光美不胜收，为此而来的游客络绎不绝。

公司组织出游，不仅是看中这无限风光，也是在风格独特的绘画与雕刻中获得灵感，在“巴厘岛式”私人别墅中享受传统SPA获得身体与心灵的全面放松。

环球之旅第一站巴厘岛组图

环球之旅第二站九寨沟

九寨沟是深藏在九个藏族村寨中的绝佳风景之地，是中国第一个以保护自然风景为主要目的的自然保护区。其中有74种国家保护珍稀植物，有18种国家保护动物，还有丰富的古生物化石、古冰川地貌。

常说“九寨归来不看水”，可不正是！泉、瀑、河、滩108个海子，构成的一个个五彩斑斓的瑶池玉盆，长海、剑岩、诺日朗、树正、扎如、黑海六大景观，翠海、叠瀑、彩林、雪峰、藏情、蓝冰，的九寨六绝，是对九寨沟景色真实的诠释。童话世界，水景之王的美名副其实。当我们的团队来到此地时，自然的风景给予我们最完美的治愈。生活的焦躁与工作的压力在这样的景色中遁去。呼吸的每一个瞬间，都是与自然天地的一种和谐沟通。这样的安逸，让人有一种留下的冲动！

如今的九寨沟在地震中元气大伤，不知何时能恢复往昔的绝色美景。但在“自我修复”中，又孕育出新的美景。相信如今的羽悦本草也能如九寨沟一般，即使遇到坎坷困难也会在恢复发展中，有新的契机冲击一个最新的行业高度。

环球之旅第二站九寨沟 团队剪影

团队剪影—— 奢华迪拜游

TEAM COCOLORIS - DUBAI'S TOURISM IN LUXURY

全球之旅第三站—— 迪拜

人生天地之间,如白驹过隙,忽然而已。短短一年间，我们已然走过风景迤逦的巴厘岛，欣赏过胸怀博大的鹿城。当我们还在为曾经的风采独自回味时，2017环球之旅已然开启。

迪拜，那是一个“豪气”的代名词，曾经去迪拜做乞丐发家致富的消息时时闪现，引得人们心动不已。迪拜，那是一个“狂野”的代名词，漫天黄沙，黄金遍地。前往迪拜，我们将感受到作为黄金之国的真实威严，亲眼见证一掷千金的豪爽大气。这样的异国风情，着实让我们的眼界开阔了不少！毕竟不能只盯着我们眼前的一亩三分田，把羽悦本草发展到全球，才是我们的终极目标。

6月6日，这俗话说六六大顺的日子，全国总代理商们开始汇聚在北京、上海、香港三地，等候上机飞往迪拜。

飞往迪拜的北京机场面积很大，时常会让人迷路，但机场虽大却也被我们羽悦家人的强大阵容给占领。家人们或是许久未见的朋友，或是初次见面即将成为朋友，但彼此叙旧聊天，瞬间好不热闹！

羽悦本草全球之旅还未正式起飞，浩瀚的气势已然震翻全场。

环球之旅第三站迪拜 机场组图

多日的期待已近在眼前，大家都勉强按耐住激动的心情，等候着飞机在热情的国度落地。机上阿联酋空姐们的美貌，似乎为这趟旅行增添了些许旖旎的味道。

只有到了无法想象的高度，才能发现原来的自己是多么渺小。正是如此渺小的人类，最终能攀登上庞然大物的高山，跨越光年来到我们曾吟唱多年，幻想许久的月亮之上，去探索庞大的宇宙，追寻未知的真理。现在的我们也正像先辈一样，去为事业而奋斗，去为梦想而追求。梦想总是要有的，万一实现了呢？

万家灯火，璀璨而辉煌

历经9个多小时飞行，飞机终于落地。北京、上海、香港三地出发的家人们终于汇聚一堂。仍是清晨的迪拜，被羽悦本草唤醒。一波波橙色，逐渐蔓延开来。

沿着旅行的脚步，一行人来到了朱美拉公共海滩。这是除了酒店私有沙滩外，迪拜唯一能公开穿泳装的地方。远处柔软细白的沙子，湛蓝透亮的海水，配上我们活力四射的橙色是刚刚好。

位于朱美拉公共海滩边的清真寺，是迪拜传统文化的地标，也是迪拜唯一一座对非穆斯林开放的清真寺。

朱美拉清真寺 外部

朱美拉清真寺

内部礼拜大厅

进入礼拜大厅，在一个巨型枝形吊灯的白色光芒照耀下，大厅内的白色立柱、彩色拱门、几何形的各种图案以及钟形吊灯会令你眼花缭乱，仿佛一幅伊斯兰艺术风格的美丽画卷映入眼帘。清真寺西侧的室外花园里，泉水喷涌、大树参天、绿草和鲜花一起盛放。炎炎夏日里，不妨在此稍作休息。

生活，并不仅仅是工作，还有诗和远方。走出来，才会发现世界的伟大。

来到黄金之国，怎能不见识一下当地的黄金呢？走在熙熙攘攘的人群中，入目的皆为论斤“贱卖”的黄金。这可真不像是黄金，倒像是一坨坨土疙瘩。

迪拜黄金市场

耗资140亿的棕榈岛是世界上最大的人工岛。它以其空前宏大的规模和巧夺天工的设计吸引住四面八方的目光。从高空中俯瞰，依稀可见两颗巨大的棕榈树漂浮在蔚蓝色的海面。我们坐着轻轨，用双眼去描摹着这美丽的岛屿，悠哉的享受这来自人工的馈赠。就像是羽悦本草常说的本草精粹，享受生活。即便是高温，也抵挡不住我们行走的脚步！

丈量过棕榈岛，也攀升过迪拜塔。见证过世界第八大奇迹，也该登高望远，饱览迪拜全景。世界第一的高楼，世界第一的高度。我们已然在世界十七高楼扎下脚跟，这世界第一也并不遥远。

来到迪拜，怎能不去帆船酒店看看？有着阿拉伯色彩，更有着现代设计的大气与豪气。56层，321米，这几个数字共同构成人们对这波斯湾明珠的深刻记忆。

从蜿蜿蜒蜒的小路中向外望去，依稀可见豪华游艇的码头。游艇随波起起伏伏，也正是一幅美丽的画面。

又是一处好风景，堪称八星级的阿布扎比皇宫酒店。它既带了点清真寺的特点，又像是传说中辛巴德或阿里巴巴时代的皇宫。酒店带着传统的味道，却号称有着“二十二世纪的设施”。这里古今交错，恍若踏入时空的交接点，神秘安静。沉下心，我们能静静欣赏这浓郁的阿拉伯贵气，为自己旅途增添一分美丽。

迪拜 哈利法塔

在阿联酋，见到清真寺是一件极为寻常的事儿。但谢赫扎伊德清真寺，这座世界第八大清真寺却极为不同。这是阿联酋唯一一座对外开放的清真寺，里面到处都是顶级大理石，各种宝石和24k黄金。也许并不起眼的角落，就价值千万。

总说香车配美人，美人已经到了，香车还远吗？一波波羽悦本草的家人们来到了全球唯一的法拉利主题公园。这是一个独特的多感官主题公园，由400亿美元打造而成。这肾上腺激素爆发的速度与激情，还不赶紧上车？

帆船酒店

法拉利主题公园

既然已经享受过速度，总要来亲身体验一把《速度与激情》的拍摄地—— 卓美亚阿迪哈德酒店。

迪拜，沙漠中的绿洲。黄沙包围着这座城市，海水烘托着阿联酋的岛屿。独特的风土人情，衍生出了沙漠冲沙、水上飞机等特色项目。

黄色的世界，让人充满恐惧，肾上腺素的快速分泌，却又让人显得十分兴奋。蓝色，天空与大地已包围着我们。放飞自己，这天地仿佛就属于自己。

多天的迪拜之旅即将结束，临走前静静欣赏的世界第一音乐喷泉，又让我们浮躁的心重新沉静下来。

全球之旅—— 迪拜游已然结束，但我们依然回味。纸醉金迷的城市，直插云霄的建筑，一切都是如此的如梦似幻。我们期待有一天，我们会带着产品冲出国门，带着不一样的眼光再一次欣赏迪拜之美。

卓美亚阿迪哈德酒店

冲沙

游艇环岛

皇宫酒店

难以忘怀 —— 316大型年会

IT'S HARD TO FORGET - 316 ANNUAL CONFERENCE

2017年3月16日，距离品牌成立已经整整一周年。一年的时间里，品牌经历过太多的坎坷，也拥有显著的成果。也因此，在这个特殊的日子里，在全场几百位代理商的见证下，品牌正式升级为羽悦本草，公司也继续大踏步的向前发展。

3月16日，是个天气晴朗的好日子。全国各地的代理商纷纷涌往山海水城的台州。在代理商们的人群涌动下，台州各处的交通口似乎都显得格外狭小。椒江的各大酒店，也被靓丽的身影满满占据。在乐队的伴奏声与人群的欢呼声中，终于迎来了年会的开始。各项表演节目不必说，定是精彩无限。而各种风格的模特的入场，给这次的活动增添了不少旖旎的气息。

董事长陈国良的调皮亮相，收获了不少笑声。但重中之重的话题却也才刚刚开始。一项项羽悦本草的发展策略在这个诺大的场地中揭秘，一个个福利政策也在场地中不断发布。每一位到场的代理，在呼喊声中获取了自己的分红权证，得到了公司的认可。而这样的年会，想必不止一次。

3.16已成为羽悦本草一个标志性的节点，在生产中品牌更新，在服务中更显品质，在追溯管控中不断升级，在人才培养中更近一步。在精英团队的不断建立下，这样标志节点将会越来越多，羽悦本草也会愈加壮大。

新的地标 —— 深圳运营总部开业

NEW LANDMARK - OPEN CEREMONY FOR SHENZHEN OPERATIONAL HEADQUARTER

2017年8月9日，羽悦本草深圳运营总部正式开业。自此，羽悦本草顺利在深圳扎根落户。羽悦本草深圳运营总部的成立，将会是羽悦本草新征途的开始，也将在羽悦本草的发展史上留下光辉的一笔。

此后，深圳运营总部将会展现出更大的作用。将有专人负责各地区的代理商，一对一对接，提供更优质的服务；新成立的专家部，将专门解答产品使用过程中出现的各种问题，给消费者带来更舒适的体验。

新的地点，新的起点。在这样特殊的时刻，羽悦本草承诺将继续保持优秀的产品质量，不断科学研发，为所有的用户塑造绿色安全的健康屏障。

从山水之城千里跋涉到创客之城，羽悦本草凭的是口碑，靠的是毅力。“我能为你做什么”的极致服务理念，以用户需求为核心的发展原则，让羽悦本草这个还年轻的品牌，逐渐奔向行业首位。我们还年轻，我们有野心，我们将一起创造更大的奇迹！

董事长和嘉宾一起剪彩

董事长场外讲解产品

百岁工程创始人、广州中医药大学肖鑫和教授与董事长交谈

董事长进行开业致辞

金牌主持人赵婷开业致辞

羽悦本草精英成员汇集

伙伴天地 —— 精彩荟萃

PARTNERS' WORLD - WONDERFUL GATHERING

CCTV资讯频道《魅力品牌》大型纪录片走进羽悦本草

这是一个魅力世界，这也是一个品牌时代。展示品牌力量，诠释品牌魅力，是《魅力品牌》纪录片的宗旨。当CCTV资讯频道《魅力品牌》大型纪录片走进羽悦本草，探寻背后的发展故事，也将淋漓尽致地展现羽悦本草的发展潜力。魅力品牌，品牌美丽，期待羽悦本草在更大的舞台绽放健康魅力。

羽悦本草成功成为2018台州春晚总冠名商

羽悦本草全力支持台州春晚，通过全民参与、各部门联动等方式，扩大影响力和传播力，让春晚不仅仅是台州老百姓的年夜饭，更是推动台州文明建设的不可或缺的大餐。

收购方通泰

在那动荡的年代，曾有人艰苦创业，彰显家族企业的名族气概。在台州就曾经有一家这样的企业，那就是近代台州民营国药行先驱—方氏药店。这家老字号曾在百年多的时间里开遍台州，如今却逐渐老去，不复生机。方通泰便是其中的一家。

近年，越来越多的人把目光转向被日渐淡忘的传统文化，希望将这些继续传承下去。因此，在政府号召之下，2017年8月9日，羽悦本草正式收购老字号方通泰，并当场签约授牌。收购老字号这一举动，不仅仅是助力社会，也是羽悦本草加强自己文化底蕴的一项重要举措。在不久的未来，方通泰也会在羽悦本草的发展之路上发挥出更大的作用。

香港直通车图

2017年7月8日，良兄国际正式挂牌香港直通车，成功跨出发展的一步。

全球中小企业股权交易中心，是高科技股份公司或创业团队加速进入资本市场的快车道。作为“亚交所”旗下的重要资本平台，良兄国际在全球中小企业股权交易中心成功挂牌，能有效增加企业信任度，加速进入资本市场，成功对接金融机构。并且能够打开公司品牌知名度，提高融资能力，成为企业冲向世界的迅猛推动力。挂牌香港直通车，是公司进入资本市场的重要一步，也是品牌发展的重要契机。羽悦本草用快速的互联网工具开辟出新的商业模式，为更多的人提供了更多的可能。

敲钟仪式

成功挂牌上市 团队合影

羽悦本草陪你一起看周杰伦演唱会

羽悦本草在不断提升自我品质时，也进行了广泛的宣传。9月，周杰伦演唱会期间，羽悦本草在台州各个街头投放LED大屏广告。9月14日，羽悦本草出现在东方红万达影院播放宣传片。这样大手笔的投放，只为了证明一件事。羽悦本草，想要和你一起“搞事情”。

广告投放组图

伙伴天地 —— 一切都是最好的模样 遇见羽悦本草

PARTNERS' WORLD - EVERYTHING IS THE BEST,MEETING YU YUE BEN CAO

文/菁华

常说，漫漫人生路，有你便不辛苦。我们在时间的不同节点，遇到不同的人。我们彼此影响，共同成长。我和你，我们和羽悦本草，正是此生一场最美的相遇。

菁华，也许可以叫做精华，这是对未来自我的期盼，也是不懈追求的目标。我来自于大西北青藏高原的青海西宁。和其他从事移动社交电商行业的人们一样，我和大多数人从未谋面，但却相识相知，如老友般亲切共勉。我们遇到问题时耐心解释，真心传授，在创业的路上互帮互助便不再感觉孤单。

然而，我的生活曾经是那么平凡，甚至是惨淡。

大学毕业后，我顺其自然地来到了格尔木，进入城市信用社工作，随后便是相知相恋，结婚生子。一起过去的另一半野心勃勃，一心从商创业。可传统工人家庭出生的我，一份白领的工作，一些小资情怀更深得我心。创业、商业在我的脑海中就等同于闻之欲呕的铜臭，还有为此殚精竭虑、疲于奔命的厌恶。几年后，即使是创业条件更佳，我仍旧不想放弃信贷部主任的工作，去生意场迎来送往，为之“卖笑”。如今的我觉得是一个愚蠢的决定，可对青春年少的我，那个决定再正确不过了！

如不是一场意外，也许我的人生会在不断地退让中渐渐平凡下去。2000年底，患有胆结石的我办理了离职停薪回到了西宁。2004年，继胆囊摘除手术之后进行了胆肠吻合术。可这一次手术让多年以后的我依然记忆犹新。每一个母亲都想要在孩子的心中留下最美好的形象，可重症监护室的我，身上插满了各种管子，甚至还有过敏反应带来的红印。那时，我的孩子甚至不敢靠近，这让我有些心如死灰。住院的20天里，我再没让儿子踏进医院一步。几次手术，几次输血，如果说刚做完手术的刀口缝合的还算平整还算漂亮的话，三个月后针眼慢慢凸起，缝合口就像被犁过的土地开始隆起。那是多么丑陋，而我对此无可奈何。

屋漏偏逢连夜雨，孩子的父亲因事业失败前往了外地。年幼懵懂的孩子的未来，创业欠下的贷款，这些都死死的压在了我的身上。几年的被动，几年的压力让我不会轻易打破生活的平静，可生活终于给我了一次机会去结束这场不该开始的婚姻。即便是老人的不理解，即便离婚后留下的只是债务，哪怕未来只有风雨困苦，我都欣然承受。

单身的生活并没有想象的心满意足。白天忙碌工作，挂着僵硬的笑脸。晚上，则陷入文字的阴霾。那是人生最封闭的阶段，开心和阴郁互相切换，就组成了我心情的全部。说话，成了一件难以完成的事情。甚至我一度换上了语言障碍症，可以写，不能说，时常说话前言不搭后语，思维跳跃得很离谱。因此，文字成了宣泄的唯一出口。文字陪伴着我的成熟，也记录着孩子的点点滴滴。

那时，正是网络兴起的年代。广阔的网络让许多人在屏幕前了解了另一个人的人生。而我也因对话框中的文字结识了许多未来的贵人。回望过去，我发现这也许就是我现在从事移动社交电商行业的一个契机。

每位从事移动社交电商的人员，都有自己的缘由。有些人士用独特的眼光发现了市场的机遇，而更多的人是出于自己的需求，我就是后者。

每个家长都想要给孩子最好的。当我的孩子要独立求学，目标是非北上广不考、非服装设计系不学的时候，我顿时觉得花费如瀑布。与儿子十年的相依为命让我学会了对未来的居安思危，也懂得了未雨绸缪。从16年初，我就开始关注朋友圈，我要在儿子离开我的日子里创业，我要在有限的时间中寻找到无限的可能。我寻找到市面上的所有商品，可还是不敢踏出那一步。直到那一天的到来。

“妈妈，你咋还那么胖？你这辈子敢不敢瘦一次给我看！”儿子经常挑衅地对我说。我从大学时就一直是微胖界的领军人物，每一年，都数着“三月不减肥，四月徒伤悲……”的打油诗周而复始。

当闺蜜劝告我，要为自己考虑，用最美的时刻迎接新生活时，我仍旧害怕着打破自己的禁锢，走出创业的那一步。十年间，不敢考虑自我，不敢接受新生活，也不敢给别人造成负担，这一切都是我沉重的压力，成功造就了我的膀大腰圆。当我患得患失、犹豫不决时，我的儿子狠狠地推了一把。高考前夕，我们憧憬着未来。我期待着、陶醉着孩子设计出衣服的那一天，我能穿上孩子亲手做的衣服。孩子却给了我一个晴天霹雳。“妈妈，你不会让我第一件衣服就做大妈服吧？我的第一件衣服如果让你穿上，我估计我的设计师生涯还没开始就直接结束！”听着儿子的话，望着穿衣镜里面的自己，感慨着岁月不是一把杀猪刀而是一筐一筐的猪饲料，惊诧着自己什么时候活脱脱是个中年妇女的模样了。

痛定思痛之后，我终于下定决心去改造自己。而此时，羽悦本草独特的“中国合伙人理念”让我开始去关注它。担心产品，也担心自己的能力，直到7月份，我才真正地去接触、了解移动社交电商。即便是要从事这个行业，也需要有好的产品、有好的品质。毕竟人品决定产品，产品代表人品，这是我该有的底线。站在考察项目的角度上，这是具有自己销售理念的产品。“我能为你做什么”的服务态度，也让我没有了后顾之忧。从7月的注册到9月的完全投入，我经历了认识、了解、使用的全过程从陌生到信任，这一路似乎很漫长，却让我迅速脱胎换骨。当我达到我理想状态时，我本应继续平淡的人生，但年轻时没有去闯荡拼搏的遗憾，成了年岁渐长之后的不甘。既然我能把自己改造得更美，为何不再努力一把，让人生有别样的风景。于是，我扎进了移动社交电商这样一个本该属于年轻人的领域。

当我鼓起勇气在同事面前宣布我要从事移动社交电商行业，我要去代理健康养生产品时，每个人都劝我，就算要去做代理商，也应该要代理化妆品，因为我的皮肤就是最大的卖点！然而我不假思索，斩钉截铁地拒绝了。选择一个对的方向，选择一个好的产品才是一个良好的开始。销售产品，也是在销售人品。亲身经历的产品和并无体验的产品相较，真实的效果才是最大的保障。原先发泄情绪时锻炼的文字能力成了我优势，那一段不堪回首的经历也可以说是为现今的成功铺垫。回首过去，当时的犹豫不决都该烟消云散，每一个困难跨过去都是一段新的动力。

当时的闺蜜问我为什么选择这个行业？将朋友圈打造成商业基地，难道不怕别人屏蔽？不怕自己充满俗气的铜臭味？文字千篇一律，难道不怕没有可读性，充满套路？而我可以告诉她：不食人间烟火，也成就不了仙女。我是一个活生生的人，五谷杂粮已经充满了我的生活。俗气一把，也许会让我踏进从未去过的领域。那未知的刺激，美好的愿景都是我所向往的。人生自由，财富自由，也许转角就会遇见爱！

选择移动社交电商，选择羽悦本草，这是一个需要坚持的事业，这也是一个可以自我证明的事业。当我选择去走出那一步，一切想象出来的困难都是可以迎刃而解。不需要高门槛，不需要能说会道，只需要拥有一个真诚的心去学习，去扎实自己。在这个互联网分享经济时代，谁都能去实现自我价值。常说梦想是遥不可及的，可现在梦想就触手可及。

遇见羽悦本草，我的人生有了更多的波澜。我已不再是“两面”的女子，阴郁已经远离我的生活。我学会让我的生活容纳他人，我学会去和不同的人去交流，我学会不在意别人的目光，要自我欣赏，我也学会了去思考别人的需求、别人的想法。“我能为你做什么”已将传递到我们所有的代理商心中。

对它笑，它就对你笑；你对它哭，它就对你哭——这是什么？这是镜子，也是生活。当我们去学会笑着面对，打开自我，一切都将是过眼烟云。

生命没有等出来的精彩，只有走出来的辉煌！不将自己禁锢在牢笼里，你的人生随时都会有别样的精彩。即使我现在已人到中年，但一切都来的正好，正是一副完美的模样。

营销课堂
THE MARKETING CLASS

做移动社交电商是一件轻而易举的事情，但要想做的不一样，并不断获取更广阔的发展空间却没那么简单。说到底，移动社交电商成就与否靠的终究是产品。所以，选择好的产品和好的企业，才是希望从事该行业人员要走的第一步。那么，我们该如何选择呢？

一、看市场

所有的产品都需要接受市场的考验。只有经历过市场淘沙的产品，才拥有继续发展下去的潜力。如今健康产业已蓬勃发展，本公司也已经在市场上经历两年的摸索。不断更新的产品，持续研发的举措，都证明羽悦本草是一个值得投资、值得期许的企业。

据相关数据统计，大健康产业已经是处于加速发展阶段。人口老龄化和寿命的延长使得养老、慢性病等问题受到人们的广泛关注。另外日益恶化的环境和居民可支配收入的持续增长，都让健康消费呈现上升趋势。

2011年至2014年，城镇居民医疗保健类支出年均增长率为10.66%，高于居民消费性支出10.35%的增速，且近年来呈现明显上升趋势，2014年医疗保健类支出增速为14.91%，大幅高于8.01%的消费性支出增速与8.98%的居民可支配收入增速。

二、看政策

当一个产业已经发展到极限或是遇到瓶颈的时候，是无法得到更多收益的。而健康产业近几年的政策变化，已经表明国家扶持健康产业发展，人民也需要更多的健康服务。

2016年8月26日，中共中央政治局召开会议，审议通过“健康中国”2030规划纲要。健康是促进人的全面发展的必然要求，是经济社会发展的基础条件，是民族昌盛和国家富强的重要标志，也是广大人民群众的共同追求。

同时，移动社交电商行业也仍旧受到关注，并且已经得到国家的鼓励。2017年1月，关于行业规范的征求意见稿发布，意味着第一部正式的行业法规即将出台，同时也标志着移动社交电商将步入规范运营阶段。纵观该行业政策的发展变化，从一开始的监管，到法律认可并鼓励其发展，再到起草行业法规，可以看出政策态度逐渐开放和明朗，而移动社交电商的发展也正处于政策的红利期。

三、看领导

一个好的决策人也许能让一家企业起死回生，一个好的领导人，能建立起强大的团队，带领更多的人走向康庄大道。羽悦本草董事长陈国良先生，以精准的金融眼光、超前的理念带领创始团队发展到如今的代理商遍布全国的超强规模。近期，羽悦本草APP的开发更新，深圳运营总部的建立、挂牌香港直通车等，无一不说明其远大的目标。

四、看服务

良好的服务会让人更安心。羽悦本草“我能为你做什么”的极致服务理念，让所有羽悦本草的家人们得到最贴心的服务。

知行·互动

KNOWLEDGE AND INTERACTION

让我走近你

蒙春江

曾经，你如山野里的一株野芳，
曾经，你似深闺里的少女，
静静地绽放，散发迷人的幽香，
让我走近你—— 羽悦本草

这世上， 有多少人，
饱受饥饿，疾病，贫困的熬煎，
这世上，有多少人，
不停地追逐财富、美丽和健康。

直到有一天，你从山野中缓缓走来，
人们惊奇地发现，走近你，
就能远离饥饿、疾病和贫困；
拥有你，就拥有了财富、美丽和健康。

然而，这世上，有人怀疑，有人观望，
错过了一个又一个改变命运的机缘；
这世上，有人勇敢地接受，大胆地追求，
创造了属于自己的人生辉煌。

这世上，有人轻易地放弃，
放弃了拥有生命的美好；
这世上，有人努力地坚持，
铸就了一个又一个人生的奇迹。

让我走近你—— 羽悦本草，
轻盈似羽，心怡神悦；
让我们走近你—— 羽悦本草
让你的芳香洒满人间。

演绎指尖的舞蹈，感受画面与意境的美——《我心羽悦》

DEDUCE THE DANCE OF FINGERTIPS, FEEL THE BEAUTY OF THE PICTURE AND THE MOOD - MY HEART YUYUE

有时，想轻轻地撩起一捧细沙，让它们静静地在指尖流淌。

有时，沙子演绎的是另一种人生。撒沙、漏沙、铺沙、抹沙、拨沙、泼沙、点沙、敲沙……用心把玩这细细的沙土，那透过光影变幻出来的画面，仿佛似曾相识。看着《我心羽悦》的沙画，心底漫起一种久违的感觉。是的，这是多少人曾经渴望实现的梦在被这普通的沙子精心演绎。

你是否记得，当浑浑噩噩地走过人生大半长路的时候，总想有人敲响自己的警钟；
你是否记得，当拖着沉重的身躯走过街头时心中的自卑羞涩；
你又是否记得，自己的渴望与希冀。
当我们被梦想的翅膀引导着走出禁锢自己的家门，
当我们逐渐成为曾经最想要成为的模样，
当我们手拉手引导更多人实现人生梦想……
不论是在人生的前半生还是后半路，我们都是走在美丽之约的路上。

序：故事、温度与艺术

《我心羽悦》的沙画，融合了羽悦本草的企业内涵与品牌展望。它把深藏在静态文字中的真切愿望用动态的故事表演呈现出来。鲜明的线条，大众的美感，音乐与画面天衣无缝的配合，都让感官在独特的艺术概念和观赏效果的完美结合之下，得到一次诗画般的美学享受。一掬细沙、一双妙手，瞬间变化出种种图案，惟妙惟肖。画面的每一寸角落，都是羽悦本草想要绽放的青春活力。一朝入画，梦回千年，《我心羽悦》的演绎，是艺术家与企业的完美结合，某种程度上，它让羽悦本草更富有温度与生命力。

第一幕：相遇相随

某年某月某日，等待与期待。绚丽如花的时光里，有人来了，有人散了，有人退场，有人错过，皆是悲欢离合，聚散沉浮。曾经我们就在这样时光中沉睡，等待有一天能真正的清醒。

我们常说这个世界很大，大到一辈子都可能没有机会遇见。我们也常感叹这个世界很小，小到一抬头就能看见。因此，当某一天打开家门，看到除了层层阻挡的崇山峻岭之外，还有一个如天使降临般的"你"，那是多么欣喜。"梦的羽翼"穿越了高山和大海，闯过严寒与酷暑，只为共同奔赴美丽的战场。

第二幕：天涯海角

挑战本非易事，跟着“梦的羽翼”去赴约的路上也一直跌跌撞撞，经历风雨。跟着它走过了深秋也走过了寒冬，爬过高山也经历过低谷，走过人来人往的大道，也奔跑过寂静无人的小路，最终在时空的飞跃中，看到那神奇的手带着走向天涯海角，走进曼妙季节。

滚滚洪流拍打的波浪再也不令人心悸，它的声音已然成为了美妙的配乐。远处的朝阳，近处的椰香也是最好的应景。只要有羽悦本草体贴相伴，无论身处何地，都会成为那美好的模样。

第三幕：羽化成蝶

一缕缕或深或浅的执念，越过时间的平淡，羽化成蝶，生出动人的愉悦。梦中，多少人愿与美相逢，多少人愿时光多一份唯美的情怀。羽悦本草在梦蝶飞舞的过程中，为你染香时间，在心中种下一颗美妙的种子等待开花，愿来日伴你优雅走过每一个晨钟暮鼓。

第四幕：前世之时

时光荏苒，穿越千年，春风花韵依旧。

千年之前，茂密的树下，有少女在祈祷。在祈祷什么？或许是合家兴盛，或许是有一个明亮的未来。她和所有人一样，祈祷实现心中最真切的渴望。

第五幕：今生之约

千年之后，羽悦本草传递出健康、快乐和分享，只愿不负美好时光。

第六幕：相依相恋

每一个追求完美的人终会迎来完美的结局。

如果你曾自卑，现在的你也许站在台上侃侃而谈。

如果你曾平凡，现在的你正被万众瞩目着。

如果你还不曾相遇共度大半人生的伙伴，现在的你抬头就能望见。

不论相距多远，羽悦本草都将会将两颗跳动的心汇聚在一起，共赏清风明月。

第七幕：爱是结局

又是那棵树下，一对爱人终于接受彼此。远方那对白发苍苍的老人，也许是未来的投影。而现在，当爱已羽化成蝶，请记住它们飞跃的路线，那是爱情来敲门的痕迹，也是大爱即将奔赴的地点。

尾声：美丽未来

当蝴蝶飞过，羽悦本草照射的田地里又将产生更多的花朵。过去不起眼的“我 ”已经不见，未来美丽的“我”已经在招手。

羽悦有情，草本多情，美丽世界，与你相约。

题外话：

人生一世，好比一次旅行。我们经历无数次的出发与结束，时常有意外惊喜，也常常有不愿发生的刻骨铭心。无论繁华与平淡，都有自己的风景。我们在旅途开端被父母陪伴着，却终究会在某一地被放下，学会自己走。也许我们在走的过程中遇到其他人，有机会一起看四季轮回体验辛酸苦辣。而羽悦本草仿佛是我们这趟旅行中的一个导游，它带着我们遇到更多志同道合的朋友，去体验挑战、追求梦想和希望。当我们跟着走，当我们学会挑战，这条路上就会有一处风景会因我们而美丽，会有一份遇见唯美整个曾经。相遇，该留在心底。岁月，该沉淀静美。我们也该记住美好，珍惜当下，一笔一划描绘自己的人生图画。或许我们老去时，还会自豪此生没有辜负自己。

羽悦本草，为生命的美好静待流年。我们热爱生命，热爱生活。期待与“你”的结缘，一起走一次美丽人生路。

世界并不复杂：感性做人，理性做事

THE WORLD IS NOT COMPLEX: TO BE THE PERSON PERCEPTUALLY , TO DO THE THING RATIONALLY

文 / 王凯蒂

小学三年级的时候，我随父母从湖北襄阳南下务工来到广东汕头。我妈在金园区开了个理发店，三块钱剪个头，隔壁是家诊所，开诊所的医生是个胖阿姨，也是湖北人。都说远亲不如近邻，我妈和医生很快成了好朋友、好姐妹，平日里没事就一起聊天，一起发呆，一起等着店里来生意。我妈盼人来理发，医生盼人来看病。医生还有个同行老乡，叫詹玉平，也在汕头开诊所，开在潮阳区。

摄于2009年
左边我母亲，中间是医生，右边是詹玉平阿姨

几个外地人在一个当时来说相对排外的城市做生意真的挺不容易，因为我读小学那会儿全校就我一个借读生，无论是低年级的还是高年级的都敢来欺负我，叫我外省仔。

好在她们几个技术好，心肠好，不坑不骗的。虽是外地人，但店面的生意都还不错。可毕竟是在农村做生意，收入根本赶不上城市物价的飞快上涨。开了七八年吧，2002年的时候，我爸觉得我妈那样太辛苦，也挣不到几个钱，就索性让我妈在家当全职太太，从此就与社会脱了轨。我妈的生活中除了我爸、我，就是菜市场卖菜的阿姨了。

我妈的店转给了另外一家诊所，我那会儿问过我妈：“你和医生那么好的朋友，店转给她的同行，她不生气吗？”我妈笑着说：“人总得过日子啊，她不会生气的。”我那会儿特羡慕她们的友谊，可以如此大方，也开始明白生活的不易。后来听我妈说医生她们也觉得没啥意思，2003年都把诊所转了，回武汉老家开了家小服装店。大家的生活也就这样平平淡淡的过着，互不打扰，又偶尔牵挂联系。

2016年的时候，老家因为有事，我妈回了趟湖北老家，就顺便去看望了下她许久未见而又甚是想念的好姐妹——两个胖医生。结果回来汕头就一直碎碎念，医生现在瘦了好多啊，比十几年前漂亮多了。

又过了没多久，我妈的腰上就开始时不时地戴着个腰带，然后开始学着玩微信什么的，在此之前，对于互联网，她只知道在电脑打开QQ斗地主。我问我妈腰上绑的啥玩意，她就说了句健康养生的。我问要不要钱，她说680一套。我当时有点生气，说你别乱花钱，现在都互联网时代了，不可信的东西一大堆。我妈笑笑也没说啥，就说了句：“是医生介绍我用的。”

我妈身上没啥钱，毕竟都在家待业十几年了，平日也就我爸给点生活费，都毫无保留的贡献在家里了，从没见她买过什么名牌衣服。所以对于我妈越来越频繁地使用那款腰带，我就特别担心，倒不是说舍不得花钱，就是担心她对网络不熟，容易上当受骗。直到有一天，我们一家人坐在一起开起了家庭会议——我妈说她想创业，做这款腰带健康养生产品——羽悦本草。

当时我和我爸都是拒绝的，我爸觉得我妈根本就没有经济头脑，我是觉得她都五十的人了，还创什么业。再说也和社会脱轨太久了，现在移动社交电商负面消息又多，二来也根本没人脉，微信打开也就22个人。她却说：“产品效果在那，我能帮到人还要什么人脉和经济头脑。医生现在一个月能赚十几万，玉平也有好几万，她们有什么人脉？”

我说：“你听她吹，移动社交电商都喜欢这样，说多好赚多好赚，其实就是骗你去做罢了。要那么好赚，怎么不早让你做！”然后我妈说了句让我们都无力反驳的话："羽悦本草的效果你又不是没看到，不吃药不打针，我又不骗人，有什么不好做的。再说她之所以一直不和我说，不就是怕我和你们有一样的想法嘛！但我相信她。"

那会儿我突然想到十几年前在浮东村的那段日子，想起那两个既善良又敬业的女强人。于是就和我爸商量着，要不支持下吧。就这样，从起初的五千拿货，到一万，到五万，到十万。我们就这样一边怀疑却又一边支持的看着她一步一步做了起来。而一开始拓展客户被人冷嘲热讽、不被信任、不被接纳的郁闷，也只有我这位善良而又好强的老妈自己知道。

摄于2009年

左边我母亲，中间是医生，右边是詹玉平阿姨

摄于2017年9月

羽悦本草汕头授权实体店开业，医生远道而来为母亲助威。

如今，经过一年多的时间，我妈已在汕头CBD新一城黄金地段开起了自己的实体体验店，自己也成为了名副其实的全国总代。微信好友从一年前的22人，发展到现在的两千多人。至于收入嘛，说了又怕大家觉得我在忽悠，就不讲了，总之是我和我爸加起来的几倍。而当初那个医生，现在已是个小富婆了！

后来我自己也在用羽悦本草，用的是肾包（现养护粉）和肩颈包（现净畅舒活粉），不知道是体虚还是怎么，以前我特别怕冷，再热的天睡觉也不用开空调，一个风扇就可以了。现在我每晚都开空调睡，已不会觉得冷。而肩颈包（现养护粉）也让我受益很多，小时候被叫外省仔受人欺负的时候，后背落下了病根，天气不好或是长时间不动就会痛，现在虽然按着那个位置还是会痛，但至少变天和久睡不会再痛了。

当然受益的并不止我一个，我妈身边的代理也好，消费者也好，都有良好的反馈和改变，许多病症得到了改善，还有许多上班族也从中享受了健康的味道。当然，还有许多无所事事整天只知道打麻将、赌钱的全职太太，成为了优秀的代理商，不仅开始赚钱，也改掉了生活中的很多坏毛病。

这些例子实在太多了。

我想感谢羽悦本草，它让我五十多岁的母亲变得年轻美丽而富有活力。它改变了许多人的身体问题。它给我的家庭带来了良好的经济收入。而且这份钱，赚的心安理得。

我听过一个故事，说某个外国人十几年前带了两百万在上海投资红酒生意，结果失败了，走的时候，卖了房子，卖了店铺，却发现赚了好几十倍。其实有时候赚钱真的和你有没有本事没啥关系。我和我爸都喜欢读书，都说读书人有出息，但我们并没有挣到什么钱。

但读书让我们学会更理智的看待问题：这世界，时势造英雄。赚钱与你的能力并无太大关系，看你选择了什么样的平台，只要你有好的产品，有好的平台，赶上好的风口，就会像雷军说的那样，猪都能飞上天。

我不会忽悠你说羽悦本草用后能立竿见影，更不会告诉你传播这个品牌就能让你登上人生巅峰。但我至少知道，使用这款大健康产品，一定是有益无害的。而传播这份大健康事业所赚的每一分钱，都将问心无愧。

品赞生活——探索“羽悦本草”在“功夫茶”氛围中的成长历程

TASTING AND ACCLAIMING THE LIFE - EXPLORE THE EXPERIENCE THAT YUYUEBENCAO GREW UP UNDER THE ATMOSPHERE OF “KUNFU TEA”

文/王伦让

因为生活在潮汕，所以热衷于这个“品”字。

曾几何时，我带着好奇，学着新闻媒体人的提问方式，向汕头大学的一位文化学者教授问起了一个很难用一两句话说得清楚的问题：“都说潮人文化博大精深，您能简单地概述一下吗？”教授沉思片刻，意味深长地把潮人文化概括地总结为“拼、品”两个字。引申一下，可以解释为满世界拼命转圈，回家品赞生活……

是的，这就是对潮人文化的精简描述和生活写照！也就是这一个“拼”加上一个“品”字，让我们延伸到羽悦本草。它既能科学诠释中华博大精深的自然传统文化，又能在“亚健康时代”赋予人们健康理念的精彩生活。

简而言之，“羽悦本草”就是一款养生产品，是当今世界众多养生产品中的一种，只是“羽悦本草”与众不同。她是一款经过精心研制的产品，再加一款专利研制的适量热度腰带进行温敷。利用肚脐呼吸，带动一根静脉、两根动脉的胶状组织，对人体五脏六腑之经络进行正本清源，实现理性回归的调理，正如评价《本草纲目》“虽属医书，实为物理”的养身调理“亚健康”方案。也就是听到医学老师讲了这么一套符合物理学原理的治疗“亚健康”方案，才引出了接下来值得记录和品赞的生活故事。

读过《易经》的人和一般上过学读过书接受过教育的人，大都明白一句“天行健，君子以自强不息”的“卦辞”，意思似乎是说给我们这些“大丈夫”听的：是男人就应该顶天立地，像天、像大自然一样，周而复始，自强不息，担负起保家卫国的重任。而女人嘛，就应该守在家中，生儿育女、孝敬公婆，信守温良恭俭让，当然，这也不只是潮汕人固有的传统生活观念，连我们这些改革开放后新一代潮汕“新移民”的骨子里也不乏这种“豪气”。因为年轻气盛，还因为有那么一分自信，所以我等“大丈夫”就必须尝尽“满世界拼命赚钱养家”的酸甜苦辣。

于是乎，家庭里就获得了有一个“全职太太”的“美誉”！殊不知，随着时代的变化、环境的演变、科技的进步，加之和平建设时期的中国已逐步发展成中国有史以来相对最为富裕的国度，“全职太太”也就自然变成了“丰满怨妇”。

诚然，肥胖不一定就会损害一个人的形象，但必然会影响到一个人的健康。

因为早年结交到一位学医并从医多年的闺蜜医生，所以在羽悦本草横空出世的2016年初，“丰满”的太太突然地发现自己的闺蜜医生活脱脱地变了一个人似的，简直就是“士别三日当刮目相看”。不仅体型苗条了，脸色红润了，整个人的精神气质可谓是发生了质的变化。这种“质”的变化，自然不会对闺蜜太太的老公无动于衷。太太闺蜜的靓丽转身，自然也会立刻“吸引”到老公的青睐眼球，即使老公已近花甲之年，但爱美之心，老幼皆有之，当然无关风月！

于是乎，“丰满怨妇”在闺蜜医生的劝导之下，开始了她对羽悦本草的体验、观察、激动、炫美、健康的赞不绝口… …

人生，如同自然万物，总是有其自身的生存规律和法则。“物竞天择，适者生存”，尽管我们是在自然的人生道路选择上，在承受环境、经受风雨、享受阳光的不同程度上不断地接受思维方式的变化而变化。但不可回避的一个现实问题，那就是人生必须面对和接受自身所生活的社会人群大环境的文化洗礼，当然也包括尊重女性的自由与爱美之心。

和平建设时代的中国，科技发达，日新月异，从物质层面看世界，可谓是富裕鼎盛，无可比拟。但从自然的发展规律和社会的生产方式、生活方式以及消费方式上去研究“自然与人”的“关系法则”，却似乎总是感觉不是那么理性与和谐。按说，中国是一个以农耕文化为主体的国度，“日出而作、日落而息”的生产方式和生活方式究竟还有

王见红老师与王清香、及代理姐妹们同台分享羽悦本草

羽悦本草分享大会
左起：大会主持人、文章作者王伦让与羽悦本草总代王清香在分享大会上

多少人在遵守或曰能够遵守这个规律？我们的祖先留下来的“五行相生相克”对应我们人体五脏六腑、对应天体春夏秋冬、对应农耕四季二十四节等等这些直接关乎人的生命健康问题，究竟还有多少人在关心这些问题？严格地说，究竟还有多少人能够按照这种规律去生活？

所以说，我家的“全职太太”在“大丈夫”的“关怀”和“爱护”之下，逐渐变成了“丰满怨妇”也就不足为奇了。

起初，闺蜜医生劝导太太使用“羽悦本草”，通过健康养生来改变“亚健康”体质，并没有引起我的强烈反感，直到她一跃转变为“分享健康的传播者”，这一下着实触动了“大丈夫”的神经。因为，社会上的所谓健康养生产品多如牛毛，铺天盖地，各路直销大咖为扩大自己的营销网络施尽浑身解数，甚至不惜重金请到各路明星大腕鼓吹其产品的神效，瞬间变美、一夜暴富都不在话下。所以，当“丰满怨妇”在经过百日疗法美丽转身之后的执着分享，继而要求“大丈夫”投资健康分享事业这一“大是大非”的问题摆在面前之时，我这个所谓的多少有点“精神贵族”者，神经一时过敏的反对，自然也是在情理之中。

庆幸的是，“良兄国际集团”的国良先生，虽然貌不惊人，但却十分可爱，一句“我能为你做什么”的誓言牵动了万家人心！旗下科研成果“羽悦本草”注册商标荣获“央视网推荐品牌”，加之其养生产品的“百日疗法”和“四个月为限”的运营成长模式，符合自然规律和农耕文化季节播种、成长、成熟、收获法则，同时，羽悦本草的养生产品也的确“养”出了我家“丰满怨妇”的“精气神”，加之善良女性的细腻与耐心和无微不至的关爱他人健康养生效果，让任劳任怨的“怨妇”回归到本来属于她充满阳光的世界，这岂不是皆大欢喜的事儿？

太太的这种蜕变，让我这个多少带有“精神贵族”的“大丈夫”着实有点自愧不如。原以为只要做好“全职太太”就是“美德”的陈腐理论，实在可笑之至。本来高中毕业做过教师的优秀女性，就因为嫁给了一个我这个“书生气十足的大丈夫”变成了“全职太太”或曰“丰满怨妇”，那岂不是罪过？

在经过半年体验蜕变、半年健康分享成长，一跃成为羽悦本草官方合伙人“总代”的同时，我们一家全身心地投入到羽悦本草健康分享的事业中来，并开设了粤东首家羽悦本草总代工作室，励志与良兄国际集团羽悦本草家人们同心同德、维护良兄“我能为你做什么”的誓言和信条，牢固树立羽悦本草在粤东地区发展壮大的品牌形象。在全家获得健康、收获财富的同时，把健康养生理念这份大爱分享给大家，分享给真正需要的人们！

文章抒怀于此，本该告一段落，但我们必须分享一下羽悦本草养生产品在潮汕“功夫茶”生活氛围中开展推介（分享）工作的民俗（习惯）尴尬和文化趣味。本来羽悦本草产品与浓郁的“功夫茶”生活氛围是有所排斥和抵触的，但是在我们的羽悦本草总代工作室里仍然是茶香四溢，以茶待客。只不过在投入分享“羽悦本草”的过程以后，我们便着力借鉴于“功夫茶”的文化内涵，让“饮”者回归到“品”的意境中来，以“品茶”价值理念来阐释对“羽悦本草”的健康分享价值。

虽然，“羽悦本草”只是一个健康养生品牌，但羽悦本草产品的生产过程、温敷原理和羽悦本草家人们逐步成长的运营模式却是带有理性回归的绿色生产、绿色生活和绿色消费的发展理念。这种绿色理念，就是我们积极分享羽悦本草之文化品牌价值的初心和品赞生活喜悦的情怀所在！而真正学会或掌握到“羽悦本草”的全部内涵，就可以自然地品鉴到精彩生活中所潜在的中华文化之精华！

梦想是琴，那么羽悦本草就是弦，将由我来弹奏这美妙的一曲。曲名就叫：一切都是刚刚好！

轻松片刻

做好羽悦本草，传递人间大爱
敷用羽悦本草产品有感

COMPLETE THE WORK OF YUYUEBENCAO WELL ,TRANSMIT THE LOVE TO THE WORLD
THE FEELING AFTER USING THE PRODUCTS OF YUYUEBENCAO

文 / 王秀云

最初，我是羽悦本草的受益者。后来，我又成为一名羽悦本草的传递者。

我叫王秀云，是羽悦本草®总代。2017年3月，一次偶然的机会，我和羽悦四宝有了初步的接触。当时我抱着试一试的态度就拿了三箱。因为我平时就很注重养生和美体塑形，所以我首先就选择了羽悦本草的纤秀粉用上。仅仅过了一周，我的身体就感受到了明显的变化，许多困扰我的问题得到改善。

我的身体得到了调理，我家先生也在我的推荐下身体有了起色，这是我非常高兴的事情。我这么多年来花近百万元钱都没有买回来的健康效果，让羽悦本草这个不足千元的小包包给实现了，这简直是太神奇了。好东西一定要分享出去，让更多的人受益，所以我就决定做羽悦本草代理商，把神奇的羽悦四宝推荐给大家，让大家共同分享羽悦四宝的神奇。2017年4月5日，我得到了公司的授权，走进了羽悦本草产品的销售代理团队。

在大家的努力下，我把市场格局布得很大，目前除了内蒙地区的销售市场以外，在长春、沈阳、营口、大连、广州等地都有我的代理商。我从4月5日到7月末短短四个月的时间，就晋升为羽悦本草®总代，而且每个月都超额完成销售任务。下面，我从三个方面谈一下我对羽悦四宝的认识。

一、借势发展，让羽悦本草传递的更快。

羽悦本草是一个全新的健康养生产品，是人们身边的家庭保健医生。净畅舒活粉、养护粉、纤秀粉、暖护粉，这四款产品无论是单独使用还是配合使用，都可以带给人们理想的效果。上班族在奋力拼搏的过程中产生的一些问题可以通过净畅舒活粉来缓解。男性、女性想要的精心调理，也有养护粉、暖护粉这个种子选手来实现。各类爱美人士更可以通过纤秀粉来强健机体。最终，羽悦本草让生活更舒心，让工作更安心。

羽悦本草能备受使用者爱戴，正是因为这些独到之处。在品牌征服种种困难、快速发展的时间里，羽悦本草的产品开始销往大江南北、塞外边陲，给人们带来春天般的温暖、夏天般的热情、秋天般的收获、冬天般雪花纷飞的浪漫。给人们送去温暖与健康，是羽悦本草的一贯使命。和有共同追求的人们互助共赢，实现"中国合伙人"式的成功是羽悦本草的期望。聚势共赢，创新共荣，我们在羽悦本草铺展的阳光大道上走得更高更远。同时，我们也要坚持本心，将这大健康事业深入的做下去，也为中华传统文化的新出发增添一份力。

其实一个人有效的社会活动不过就是三五十年，能够在这有限的时间里做成几件大事的人为数不多，而我却是其中的佼佼者。我有着30年创业经商的经历。我从作坊做到了工厂，从个体工商户发展到民营企业，有着较丰富的创业经验，也具备一定的经济实力。在周围朋友的眼里我就是楷模，是成功者，我自己也沾沾自喜。正当我要退出事业，颐养天年的时候，被羽悦本草的具大发展趋势所触动，并有幸结缘。羽悦本草激发了我再次创业的热情。我认为这是天赐良机，你做了这就是你的事业，借助羽悦本草的发展大趋势，无需付出太大的努力，就能把健康和美丽送给你的家人、你的朋友和需要你帮助的人，让他们尽情的享受羽悦本草所赋予的健康、美丽的呵护。

微信朋友圈是一个无限膨胀的群体，如果你是代理商，你就要用你的真心和爱心去对待和维护这个群体。羽悦本草的市场运作规则是固定可靠的，你所发布信息也必须是客观实际的。首先来用你产品的人都是你最亲的人和最好的朋友，他们信任的是你这个人。敷包受益后，他们不但为你点赞，而且还会为我们羽悦本草产品继续传播、扩散到他们的朋友圈，使销售再度膨胀。而你在这个团队里越活跃，你的业绩就会越突出。

任何一个优质的产品都会有自己的市场，至于所占市场份额多少是要看这个销售代理团队的综合实力。我们的羽悦本草产品虽然是新产品，但瞬间红遍了大江南北。其根本原因除了产品质量可靠、效用明显以外，就是我们有着一支非常优秀的销售代理团队。这支团队为我们羽悦本草产品的市场销售做出了突出的贡献。因此，我们在选择代理商时要十分慎重。首先要让你身边最亲近的人先用上产品，让他们成为最初的消费者，特别是中老年人，经历了多年生活的操劳、工作的艰辛、岁月磨难，积劳成疾，用上一段我们的产品后，身体得到调理，深深的体会到羽悦本草的好处。不用战战兢兢的用着产品怕着副作用，不用打针吃药。他们只会是吃得好，睡的香，一句老话儿就是身体轻松倍儿棒！部分人士找回了自信，仿佛回到了自己的青春时代。这些案例的当事人也都是受益人，现在他们都是羽悦本草的传播者 —— 我的下级代理商，业绩好的已经晋升为总代理商。所以说，我们招代理商不要劝做代理商。受益者自愿做代理商积极性更大，成功率更高，传播的范围更广。

二、借智发展，让羽悦本草成就一番属于自己的事业

聪明的人不断摸索总结经验，智慧的人善于向成功的人士学习，快速成功，节约人生成本，缩短成功时间。羽悦本草研发团队走的正是这条路子。他们能让羽悦本草产品用很短的时间，在众多的同类健康养生产品中脱颖而出，靠的不是运气而是智慧。同是草本植物我选其精华，同是养生保健，我选其效用，同是市场销售，我选其移动社交电商……事实证明，我们的选择是正确的。第一，产品可靠，效果极佳。羽悦本草能在大众中获得如此好的口碑，能在那么多的养生产品中得到关注，它靠的是经历过市场考验的强大实力。产品可靠，效果极佳，这是许多消费者在体验产品后给予的评价。源于传统文化的草本配方，利用现代的科学技术，羽悦本草制成的产品更让人安心。第二，从在羽悦本草的受益者中选拔并培养出一支个人素质高、业务能力强的经销团队。这些人绝大部分是社会的精英、智者，他们受益于羽悦本草而又服务于羽悦本草，他们是用现身说法去宣传产品、销售产品，都是发自内心的行动，说的都是自己的亲身经历，卖的都是自己验证过的产品，让对方更容易接受。来自各行各业的精英，面对的是各式各样的人群。他们在体验、销售产品时，同样会扩大品牌的受众群体，进一步提升品牌知名度。

我的十几个代理商都是这么产生的。他们在市场销售，我为他们服务，甘做售后。顾客中效果不明显的，我要让他们每天进群聊一聊，大家分享一人的实际情况耐心帮他们分析，处理和指导。他们都很信任我，愿意和我交流，我把他们当家人，他们把我当亲人、当医者。大家还送我个昵称叫我“王大仙儿”，说我是“神医”。这太夸张，我并不是什么神医，只是羽悦本草的效用让他们产生了“错觉”。能让他们用上最好的产品，得到最周到的服务，最后得到最佳的健康效果，就是我最大的心愿。我自从做上羽悦本草这个事业开始，我就没有想过要挣多少钱，用我先生的一句话讲就是“只要你开心就好。”因为助人为乐、传递健康是我最愿意做的一件事。

就这样，我的朋友圈越来越大，销售的范围也越来越广，受益的人群也就越来越多。现在我已经拥有普通用户800多名，积累各种有效案例。在得到朋友和亲人信任的同时，我也正踏着成功的道路阔步前进。

所以，只有借助大家的聪明和智慧，才能成就你的事业，才能将羽悦本草的销售网络拓展的更宽、延伸的更远。

三、借力发展，让羽悦本草的人间大爱渊源流长

当今社会，茶余饭后最时髦的话题就是养生。老年人、青年人的话题常常围绕着养生保健开展，甚至有一部分少年人在家庭氛围的影响之下，对养生产生了兴趣。各个公众平台的热门话题也常常是与养生有关。会产生这样的现象，正是因为养生会与每个人的健康产生联系。但是，当今时代各种健康养生专家层出不穷，却大多华而不实。网络宣传、电视讲座铺天盖地，却大多是夸夸其谈。真正能够有益于人们身体健康的、养生需求的产品适用率极低。还有那些所谓的健康养生产品更是五花八门，价格昂贵暂且不说，单凭使用实效方面讲，就没有太靠谱的。刚才我已经讲到了我是非常注重身体保健的人，近十年来我一直都在投入保健，市面上大大小小的产品都试过，但都是宣传做的好，效果却不佳，结果十年来在我的身上依然留下了岁月的痕迹，身体发胖了，脸上起斑了，经络淤堵了，胆生结石了，这些问题时时刻刻都在困扰着我的生活，影响着我的健康。不但是我这样，我想任何一个追求完美的人、渴望健康的人都处在这种迷茫之中。就在这时，羽悦本草拨开了迷障，而且是那么及时，那么势不可挡。他用了短短一年的时间就打造了一个民族的品牌，把中国的传统文化、传统的配方通过健康养生的方式推上了时代的巅峰。他用了一年的时间让羽悦本草稳稳的占据了市场，成为同类产品的佼佼者，为羽悦家人们建造了得以发挥的

平台。这就是羽悦本草研发团队智慧的力量，也是羽悦本草营销团队密切合作的力量。作为羽悦本草团队的一员，我感到骄傲和自豪。一个人的力量是有限的，我们要借助良兄和羽悦本草营销团队的力量，才能把市场做得更好。让每一位受用的人都能享受到健康的快乐，让羽悦本草不断的为人间传递大爱，愿这种爱源远流长。

轻松片刻

“微”时代，大理想

THE "MICRO" ERA, THE GREAT IDEAL

文 / 王海燕

“生活就像一盒巧克力，你永远不知道下一块是什么味道”。每次当我重温《阿甘正传》这句经典台词时，我总感慨万千。这其中，有对生活无常的唏嘘，有对创业艰辛的无奈，而更多的，是对人生结缘的感恩。这个缘，是本人两年前与公司的约定。因此，这个感恩，也是我对公司的，对这个团队里每一位与我结伴而行的同仁。

当面对羽悦本草公司的盟约时，我更多想到的，不是我作为羽悦本草全国总代理的侃谈经验，而是一名这个时代职业女性的创业慨叹。十年前，当我从国家事业单位辞职时，是义无反顾的。尽管我知道这种义无反顾有些悲壮，但作为一名尚未被生活耗尽追求的职业女性来说，我是多么的信心满满。当然，商海搏击免不了桅断帆破，免不了汪洋飘零。我打理过实体店，做过直销，一路走来，风尘仆仆，尝尽酸甜苦辣。有过排斥，有过怀疑，有过放弃，有过彷徨。

直到两年前，因偶然的机会，我结缘了公司品牌。说是偶然也是必然。我家女儿从小到大胖乎乎的，很可爱，而长大后那种胖已经影响了审美观。在给她买衣服时的各种纠结，面对美食，孩子想吃的时候我内心中便有各种纠结，最后甚至觉得如果孩子一直胖着就是我的罪，我不能忍受一个女孩子在最美的时光里与肥胖为伍。于是我刻意留意各种产品，也买过不少，都是自己试用，最后以失败告终，直到遇到羽悦本草，在第一个月发现改变了许多。使用后最神奇之处就是伴随几十年的痛经消失了，就这样出于对产品的百分百信任，一个简单的分享开启了我的移动社交电商之路。

在从事移动社交电商行业的路上，我的起步已经较晚。如果没有找到好的经营方法，那么注定会被淘汰。而此刻，给我希望的是公司团队，鼓励我不懈坚持的是这样一句话：用心对待你所做的事，“微”时代一定可以实现大理想。当我正式开展移动社交电商业务后，每天看着朋友圈里的移动社交电商从业者们不停地刷着广告，我就在想，除了我还有谁没有屏蔽的。有时候站在她们的角度想想，也真心不容易，有的人是单身带孩子的，有的人是不想靠家里，有的人是不想靠男人，但都有一点，就是想凭自己做出点成绩来。而这个成绩，不是靠刷广告得来的。而当我作为羽悦本草的消费者去做业务时，我的真诚感和踏实感足可以感染一波消费者。当我以这样现身说法的方法去做业务，并不断扩大业绩时，显然直接影响了我培养的总代们的经营理念。

走到今天，看过很多，听过很多，悟过很多，也懂了很多。狄更斯说，“这是最好的时代，这是最坏的时代；这是智慧的时代，这是愚蠢的时代；这是信仰的时期，这是怀疑的时期”。这个时代的好与坏，其实都由你自己把控。只要你善于把握，这个时代必然会垂顾智慧的你，你必定会实现自己的大理想。这，不容丝毫怀疑。

给平淡的日子加点糖 我和羽悦本草的故事！

ADD SOME SUGAR TO THE PLAIN DAY
THE STORY OF ME AND YU YUE BEN CAO

文 / 周正英

俗话说心宽体胖，我一直把它当成一个褒义词，所以对自己的胖不但不在意还有点小骄傲，觉得自己挺有福气。直到人到中年，各项健康指标都亮起了黄灯我才感觉到事情的严重性。

真正开始改善自己的身体状态是在2017年的5月份。4月份的时候，同学夏日清风就在朋友圈晒出了她蜕变后的图片。当时我很不以为意，甚至感觉有些尴尬，因为一直觉得关于自身的身材是个很私密的事情，这样大张旗鼓地嚷嚷还没有见过。尽管她每天晒各种图，但我没去注意，直到一个月后同学们为她庆祝改变成功的照片发在朋友圈我才又一次关注她，就留言说：“晒张照片让我看看吧？”不过随口一句话，没想到第二天夏日清风猛不丁站在我的办公桌前说：“还晒什么照片啊，我让你亲自看看。”原来是验明正身来了，我一看确实变了很多，她把使用纤秀粉改变自己的经过给我做了简单介绍。

虽然我很明白想要改变自己就是管住嘴迈开腿，可从小不爱运动又爱美食的我是年年减肥年年肥。羽悦本草的理念无疑是十分吸引我的。考虑了几天我决定试一试，当时想：万一没效果大不了就当钱丢了，万一有效果岂不是赚了？我立马转了钱，还告诉告诉她给我送的时候一定要包的严严实实，不能让别人知道。因为我本是做药品销售工作的，药品的副作用了解的多了就有点忌医讳药，所以即便有厂家送试用品，我宁愿就这样胖着也从来没有使用过。我一直倡导健康，要是让别人知道我使用了药物岂不是自己打自己的嘴巴？

我就这样使用着产品，一个月后不但有了显著的改变，还改善了许多坏习惯。做饭不再浓油酱赤，吃饭不再狼吞虎咽、挑三拣四，从不喝白开水的我也喝出了白开水的香甜。而且这个产品还能治“懒”。以前我轻易不运动，天天上班卡点甚至迟到，敷包后我每天早晨5点就起床，敷完包还可以去附近的公园走走，呼吸清新空气欣赏优美的环境，运动后一身轻松，着实让我感觉很“享瘦”。而外人见我直呼“变了，真变了！”改变之后每到月底结账就有业务员说：“姐姐，你变了”。身体的变化自己当然知道，我说“不管变没变都还是要结该结的账。”但心里还是美滋滋的，问我用的什么办法我闭口不谈。

在我第二次使用产品的时候，我接收到希望我成为代理的讯息，当时我不假思索地回绝了。我不了解移动社交电商，也从未想过去做这一行，我几乎不发朋友圈，我只是想自己使用而已。但经不住劝说，最后还是迈出了第一步，尝试发朋友圈。第一步就难住了我，我不知道怎么把图片发上去，自己尝试半天也不行，只好求助办公室的小姑娘，我估计他们一定说我OUT了。其实不用他们说我也知道我确实有些OUT,随着年龄的增长自己变得懒了，什么东西也不愿意学了，对新鲜事物也不感兴趣了。我也想有所突破，但一直没有找到一个突破口，这次发圈反而提醒了我：干脆就从做移动社交电商开始！

说起来容易做起来难，第一天发朋友圈，电话就被打爆了，不断有人问我：你的手机丢了？你的号被盗了？谁用你的手机发圈了？就是没人相信是我自己发的，更没人相信我会做这一行，我说为什么我不能做这一行呢？一致的回答是：这不是你的风格。

我不知道我是什么风格，我更不想自己被打上标签，我想换一种风格换一个活法未尝不可。

我依旧笨笨地发着朋友圈，依旧是朋友的质疑，更难的是我走不出自己的心里怪圈，开始的一个月我一盒货都没有卖出去，不是没人买是我坚决不卖！总觉得挣亲戚朋友的钱太不仁义，抹不开面子，对羽悦本草的效果也不十分确定，所以虽然拿了货但谁找我买我也不卖。

直到一个月后的一天，一个朋友不由分说从我办公室抢走一盒纤秀粉。在我第一天发圈时她就给我留言，说给她妈妈买一盒，但被我“好心”劝退了。后来又接二连三拒绝她几次，直到她忍无可忍来办公室抢。让我意外的是10天后朋友兴奋地告诉我老太太使用产品后，明显感觉身体轻松了，特意给我带来土特产感谢我，还不无埋怨地说我耽搁她一个月。阿姨还捎话给我，说这是有福报的事要好好干。

一个月后阿姨成功改善了体质，还给我介绍了客户，阿姨的话鼓励了我，阿姨的成功也让我对羽悦本草的效果更加确信无疑。

反馈纷至沓来，喜讯不断，这都坚定了我做下去的决心。做羽悦本草不但让我收获了财富，更重要的是学到了知识、改变了观念、交到了朋友，这才是我最大的收获。

羽悦本草打破了我沉闷的生活，给我平淡的日子加了一点糖。汪国真曾经在一首诗里写到：既然选择了远方，便只顾风雨兼程。我既然选择了羽悦本，就会义无反顾地做下去。

轻松片刻

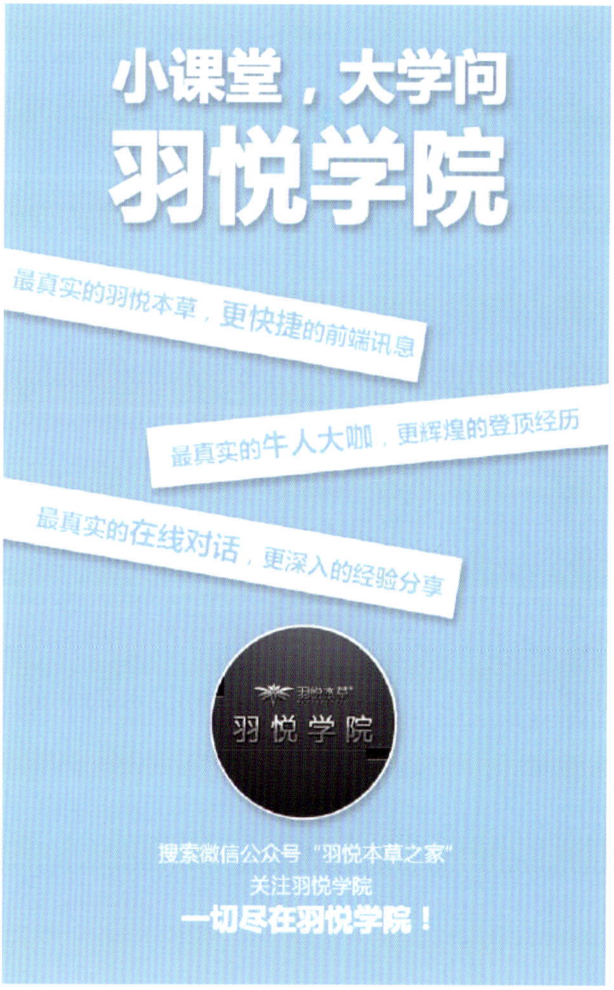

这一场盛大相遇

THIS IS A GREAT ENCOUNTER

文 / 何英

漫漫人生，我们遇到另一个人，我们彼此影响，共同成长,这是人生最美丽的相遇。

我和你，我们和羽悦本草，正是此生一场最美的相遇。

我是何英，又叫66，来自重庆，根却在浙江义乌。羽悦本草在重庆和义乌这两座与我生命息息相关的城市之间搭起一座桥。为此，我与故乡、与亲人更加紧密。这种缘分与生命相关，显得倍加珍贵。

许多朋友会问我同样一个问题：“66啊，为什么叫66呢？”很奇怪，是吧！心理学家认为，名字是生命的密码。那么这两个数字，对于我，到底是一个怎样的密码呢？问的人多了，我也会仔细去想，其实蛮符合我的个性的，66大顺嘛，期待人生平稳顺利，我的个性就是求稳求顺。

但是太平淡的人生，会让人心有不甘。年轻时没有去闯、没有去拼，没有去经历不一样的岁月，年岁渐长以后，你会很不甘心。你会觉得，还有很多劲没使出来，还有很多能力没有发挥。你会觉得，也许再努力一把，人生又会有别样的风景。再不疯狂我们就老了，于是我一头扎进移动社交电商这样一个“80后”“90”后占主导的时尚前卫领域。遇见羽悦本草，遇见生命中最后一次盛放的机会。

我是一枚资深的微胖界人士，这个历史可以追溯到婴儿期，少年和青年時代更是一段黑暗历史。胖着的那些年，最受打击的，莫过于服装店老板的话：亲，这个号你穿不了。亲，没你穿的号。最抓狂的是春夏薄衣衫時，腰上游泳圈的尷尬……

在当下这个看脸的社会，形象价值100万，而比形象价值更高的是健康，所以口服减肥药我是不碰的，对身体有可能造成伤害的任何方式我都不接受。

怎么办呢？想美想健康的心从来没有停止过。运动、节食、各种偏方，甚至辟谷，1周断食1天，各种方式都尝试过。与瘦身数十年的相亲相博后，我仍在微胖界挣扎。

一次偶然的机会，表妹推荐了纤秀粉，基于对表妹的信任，姑且一试，太神奇了，短短几月就有了效果。更让人惊喜的是，近几年一直行踪不定的“大姨妈”，居然准时到达，并且诚意十足。我要做一个健康的瘦子、做一个健康美丽的瘦子。

我喜欢，身轻如燕，行走如风的感觉；

我喜欢，久不见面的朋友，看着我时的惊诧和羡慕；

我喜欢，听女儿说：我的妈妈变女神！

原本不相信我会因此而瘦下来的闺蜜甚至也感慨道：你有毅力，所以一直都会赢。我偷笑，她似乎忘记我胖过的几十年。原来使用羽悦本草不仅是最顶级的美容，还可以抹去“黑历史”。

瘦子不懂胖子的痛，所以也永远不会明白一个人终于成为自己想要的模样时的兴奋难耐。早晚热敷半小时，调整饮食作息规律，身材慢慢变得更合我心意。我的喜悦无以复加，于是我在朋友圈里狂晒。晒体重、晒新衣、晒出游、晒聚会……改变自己，世界更亮堂了。

不断有朋友询问产品，于是，问题来了，要不要代理这个产品？我一直从事行政工作，从事农业项目资料的策划与撰写，也算是一份稳定的工作，犯不着这样抹开面子在朋友圈里吆喝。但也正是因为工作的关系，我很了解电子商务是目前国家大力倡导和鼓励的行业，虽然这之前我从未接触过移动社交电商，但我从不怀疑其合法性和前瞻性。

然而，销售能力是我人生中的短板，并且是最短的那一块，我能卖出去产品吗？多年前曾在某店直销试水败北，我认定自己不能做销售。但是这个产品的确好啊，市场也的确很大啊，错失这个机会又不甘心啊，在做或不做之间纠结。瞧，我在回忆这段心路历程的时候，用了好多转折词，但、但、但……可见，我当时真是很纠结，很犹豫，很担心直到有一天，我看到介绍我用纤秀粉的表妹开着奔驰做移动社交电商，她老公开路虎帮她送货，我忽然醍醐灌顶，豁然开朗，他们都能这样拼，我为什么不可以？所谓思维决定格局，积极的思维创造大格局，人生因为这样一次选择、一次相信，迎来大的改变。

从顾客到代理，解决了思想上的顾虑，一切水到渠成。

第一次只拿货10盒，便担心的要命，不知道能不能卖掉，但万万没想到，当月连续补货两次。第一次补货时，也是犹豫，拿多少呢？拿少了不划算，拿多了又怕卖不掉。第二次补货，就是在台湾旅行的时候，人还在台湾又补了40盒，移动社交电商之路就此开启。

对于我这样一个不太喜欢、也不擅于与人打交道的人，移动社交电商真是太适合我了。刚开始的时候顾客很少，努力学习产品知识，认真打造朋友圈，贴心做好售后服务，因为我知道只要服务好每一位顾客，就会有源源不断的转介绍，而来自顾客的转介绍通常都是精准粉。我常常勉励自己，既然缺乏开疆辟土的能力，一定要有守疆固土的本领，扬长避短，把自己的长处发挥到极致，做最好的自己，吸引所有人，你若盛开，蝴蝶自来。

纤秀粉的神奇效果在我身上显现出来时，吸引了我的同事，她是我的第一位顾客，现在成了我的第一位总代；我的闺蜜，亲眼见证我变健康变美，无比相信纤秀粉的作用，她是我的第二位代理，她把产品带到医院，吸引了许多医生护士，也成为了总代理商。代理越来越多，团队逐渐变大，我掰着手指头，如数家珍，数也数不过来。我和我的姐妹们，互相支持彼此信任，我们一起帮助了成千上万想要变健康、变美，想要改变人生的朋友，我们一起在移动社交电商这条路上狂奔，短短几个月，人生果然开启了新的篇章。

现在回忆当时的纠结，犹豫、担心，感觉自己真是小题大做了，困难远没有想象的大。刚开始做这一行时，我的朋友圈只有57个人，全都是亲戚朋友同事。曾发圈一个多月，问的人多，下单的人没有，后来也曾经连续两个月都没有成交过一笔。但，那又怎么样呢？我深知，这条路上所有的困难都是上天为了锻炼我们、提升我们而给到的机会。

既然看懂了羽悦本草，选择了羽悦本草，我们只需要坚持。没有销售的时候，坚持。被人误解的时候，坚持。受挫越多，我们会越强大，厚积而薄发。老天不会辜负每一个努力的人，付出足够多的时候，你可以收获到你想在这里得到的一切。

现在，我成为羽悦本草公司全国总代理商、羽悦本草重庆团队创始人，团队现有代理2000余人、孵化顾客群20个，推动羽悦本草逐渐成为重庆健康养身行业响当当的品牌。转变始料未及，遇见羽悦本草，遇见全新的自己。但就我个人而言，这种改变和提升在传统行业数十年都不能实现，选择很重要。记得去年11月，我的梦想就是月入上万，这个梦想很快就实现了。现在我团队月收入过万元的代理超过50位。收入倍增，源于积累和沉淀，量变到质变，我们会一起爆发。

回忆在羽悦本草走过的日子，看到变化一点点在自己身上发生，除了身体的改变，除了财富上的积累和增加，更多美好的事情在我身上发生。那个被时光掩藏的曾经努力的、好学的、上进的自己慢慢苏醒。为了尽快提高能力，我报名学习各种营销课堂，学习社群、学习引流、学习打造朋友圈、学习成交之道，我要求自己能够给到团队的小伙伴更多需要的东西。

我期待，我会培养10位以上全国总代理商；我的团队增加100名以上月入上万的代理；我期待，成为羽悦学院最棒的讲师；我期待，未来某一天，在重庆成立羽悦本草营运中心，让羽悦本草成为重庆健康产业NO.1。

我与羽悦本草这一场盛大相遇已经拉开序幕。

我们与羽悦本草这一场盛大相遇已经拉开序幕。

你，做好准备了吗？

营销课堂
THE MARKETING CLASS
之销售小技巧

就生活而言，我们无时无刻不在销售。说到底，销售是基于创造、沟通以及价值传播的一种程序。许多我们眼中的成功人士，他们并非全都专业优秀（比他们知识丰富的有很多），只是他们很会销售。下面分享一些在各阶段的销售小技巧。

一、给自己下一个定义

其实，许多人都有从事过电商或是开设过实体店的经历，也应当明白移动社交电商与实体店铺的区别。在网络中，遇到的人不可估计；但在实体店铺，一天中遇到的人也许屈指可数。因此，移动社交电商的商机是不可计量的。然而，好产品也需要好的销售员。虽说酒香不怕巷子深，但如今产品林立的情况下，“销售”变得尤为重要。那么销售是要等着顾客上门，零星售出几个产品，还是大批出货呢？更通俗一点来讲，就是零售还是批发？只有给自己下好定义，才能朝着这个方向前进，也自然的会去打造良好的销售环境，去增加销售业绩。

二、前期尽力拉动客源

有一位行业大咖曾经分享自己的经历，在她刚开始做移动电商的时候什么也不会，朋友圈文案是常常是提笔却无一字。因此，她开始照片分享模式。朋友圈晒货、晒功效、晒使用效果，无所不晒。

为什么要这么做呢？归根结底，我们要卖出自己的产品。对于自己的产品优势必须拿出些实际的证据。发货情况、订单量、产品动态、客户的使用反馈等等的分享，不仅会刺激你的潜在客户，更是展示产品的好机会。在这样无差别的攻势之下，总有心动的客户会来询问，这就走出了第一步。

三、形成优质的生活圈

生活圈展示的是一个人的生活态度，也能反映一个人的个性品德。优秀的销售人员往往能够凭借自身魅力吸引到客户，生活圈则是其重要的媒介。

要想打造优质的生活圈，首先要在朋友圈动态中形成一个完善的工作流程。从产品的详情介绍，到收款发货再到收货反馈，这样一个完整的工作展示，可以在一群只晒收款截图的移动社交电商从业者中脱颖而出，与顾客建立起初步的信任。后期，在动态中释放销售信号，增加更多可信度。

其次，要在朋友圈塑造一个有个人魅力的生活圈。没有人想要在朋友圈只看到广告，但我们可以从动态中体现自己的做事态度、释放自己的销售信号，打一下“软广告”。

四、互动答疑

多多益善的互动，诚恳有益的回答，会让消费者对产品有更多的期待，也就有了更多购买的可能性。一个连卖家自身都不了解的产品，又何谈产品效益？当自己也无法解决问题时，理应寻求更加专业的人士的帮助，只有专业才能造就“专业”的销售。

在互动答疑中，也必须把产品的实用价值分享出去，抓住共同需求来讲解产品，搭配产品。即使这些实用价值不能立即带来客户，也会为后续成交和潜在购买奠定基础。当然，这样的分享应该是立足于产品本身，而不是客户想要的无限功效。

想要吸引客户，还要把品牌的价值呈现出来。在各种品牌林立，产品泛滥的情况下，一个溢价的品牌无疑更值得消费者青睐。我们从自身产品出发，用产品的材料、技术等高科技参数给购买者形成一个良好的印象。分享产业规模、公司实力、专家团队甚至是公司制度等方面资讯，让他们买的安心放心。在羽悦本草，你还可以让消费者自行去了解。在电视媒体中心寻找产品身影，在移动应用中寻找羽悦本草。在市场终端强大竞争力的影响下，羽悦本草终究会走出一条独属于品牌自身的道路。

辉煌发展
BRILLIANT DEVELOPMENT

2016年3月	原健康养生品牌正式运营; 受邀参加中韩微商研讨会，成为有史以来行业内第一家走出国门进入国际市场的企业； 荣获中国原创时尚品牌联盟组委会颁发的“中国十大重诚信微商品牌奖”。
2016年5月	举行时尚风尚夜晚会。
2016年6月	举办公司总代理商巴厘岛、九寨沟两次环球之旅。
2016年8月	公司举办两次领袖特训营。
2016年9月	品牌受邀参加广州美博会，并受国际移动电子商务博览会组委会邀请参加微商G10峰会，公司董事长陈国良先生荣获2016国际移动电商“微商风云人物奖”。
2016年11月	公司在三亚举行公司大型年会； 参加和信聚赢实干家学习，获得“杰出实干家企业”荣誉称号。
2016年12月	成为微商春晚联合发起人； 成功入选第四届中国国际互联网营销节“金屏奖”！被国务院国资委轻工机关服务局、中国国际互联网营销节组委会、CCTV央视诚信档案评为中国创新型企业“2016年度移动电商10大微商品牌企业”。
2017年2月	新公司成立大典 正式收购羽悦本草R标品牌； 集团进行运营主体公司和品牌变更，在供电、管控、追溯、场景四大方面进行升级，对品牌保护及代理商权益保护具有重大意义。

2017年3月	羽悦本草入选中国3.15消费者可信赖产品； 举行羽悦本草全球发布会，公司品牌正式升级为羽悦本草。
2017年5月	浙江羽悦软件公司成立，为羽悦本草提供技术支持。
2017年6月	羽悦本草组织300余名代理，进行全球之旅第三站奢华迪拜游。
2017年7月	总部搬迁至深圳京基100大厦，金牌总代会所入驻武汉绿地606； 成功挂牌香港直通车国际版；开启资本之路，其代码91609； 收购老字号方通泰，成为台州2018春晚总冠名商。
2017年8月	针对微电商市场乱象，推出行业首个APP； 位于京基100大厦的深圳运营总部正式开业； 携手CCTV证券资讯频道《魅力品牌》大型纪录片走进羽悦本草开机签约仪式。
2017年9月	羽悦本草培训平台羽悦学院正式启动； 羽悦本草携手天外天高尔夫俱乐部，开启“羽悦本草杯”高尔夫邀请赛。
2017年10月	羽悦本草进行第四站环球之旅，马尔代夫豪华游； 羽悦本草广告陆续登陆湖南卫视、东方卫视、青海卫视、重庆卫视等七大卫视。
2017年12月	羽悦本草地铁广告上线杭州1号线。
2018年1月	羽悦本草举行“羽悦本草·2018 我们不一样”新品发布会，宣布新品益护调理粉正式上市； 羽悦本草旗下天翼影视与短视频内容平台更台州举行签约仪式，创建羽悦本草品牌商业新价值。
2018年2月	羽悦本草总冠名的 2018 台州春晚全线开播。